메타언어 시리즈 음식편

펴낸이	박요한		
펴낸곳	도서출판 봄비와씨앗		

초판 1쇄	발행 2023년 9월 15일		
지은이	구명순, 김예진, 오세나, 장재진	**주소**	세종특별자치시 갈매로 353, B1007호(에비뉴힐 A동 지하 1층)
그린이	이기재	**전화**	044)862-1365
편 집	김은예	**팩스**	044)866-1360
펴낸이	박요한	**출판등록**	제569-2019-000011호
펴낸곳	도서출판 봄비와씨앗	**ISBN**	979-11-91642-57-5

* 이 책은 저작권법에 따라 보호받는 저작물이므로 무단 전재와 복제를 금합니다.
* 잘못된 책은 구입처에서 바꿔 드립니다.
* 책값은 뒤표지에 있습니다.

음식편

저자 서문

지난해 관용어와 관련된 첫 번째 책을 마무리하고 가장 많이 들었던 이야기 중 하나는 두 번째는 언제쯤 될까요, 였습니다. 신체와 관련된 내용 말고도 다른 관용어들이 너무도 많고 이후에 관련 관용어를 모아서 시리즈로 만들어보겠다고 이야기한 적도 있으니 그런 궁금증을 가지는 것은 당연할지도 모릅니다.

첫 번째 신체 편이 처음 시도라서 첫 아웃트라인을 그리는데 어려웠다면 두 번째부터는 주제를 잡기가 어려워 많은 고민이 들었습니다. 어떤 범주를 주제로 잡아야 할지 어떤 콘셉트로 목록을 잡아 나가야 할지 너무도 큰 고민이었습니다. 이 고민을 정리하면서 우리나라의 관용어가 이렇게 많구나 그리고 범주가 이렇게 다양하구나, 도 많이 느꼈습니다. 현장에서 이를 가르치는 우리도 힘든데 이것을 익히고 배워야 하는 우리 아이들은 얼마나 힘들지 새삼 생각하게 됐습니다.

시간은 흘렀지만 아직도 아이들의 언어 발달 이슈의 마지막은 문해력입니다. 문해력은 책과 같은 인쇄물을 읽고 이해하는 것뿐만 아니라 생각과 느낌을 표현하는 것도 모두 포함하는 개념입니다. 아이들에게 무엇보다 중요한 것은 아이들이 제대로 읽는 것인데 그것은 글의 행간이라고 부르는 맥락에서 출발합니다. 아이들이 글자 그대로 읽는 것이 아니라 더 많은 뜻 더 깊은 뜻을 생각하고 이해하는 것은 쉬운 일이 아닙니다. 그러려면 상위언어능력의 발달은 필수라고 생각합니다. 그래서 언어재활사들도 교육전문가들도 상위언어능력에 대한 고민을 가지고 있는 것 같습니다.

상위언어능력의 기본은 관용어입니다. 관용어들은 글자 그대로 이를 해석해 버리면 무슨 뜻인지 감을 잡을 수 없습니다. 말을 배우기도 표현 어휘, 이해어휘를 충분히 발휘하기도 어려운 아이들에게 관용어는 먼 이야기일 수도 있습니다. 하지만 학교를 준비하거나 학교를 다니고 있는 아이들에게 가르쳐야 하는 것이기도 합니다. 외워서 하는 것에 한계가 있고 자연스럽게 배우고 반복적으로 노출시켜야 하는데 그 역시 쉬운 일은 아닙니다.

생각 쑥쑥 관용어는 그림과 경험 이야기, 확인 문제 등을 통해서 관용어의 뜻과 사용에 좀 더 쉽게 노출할 수 있도록 유도하였습니다. 관용어를 배우고 익히는데 부족함이 없도록 다양한 방법을 활용하였습니다.

저자들이 함께 머리를 맞대고 고민해서 만든 생각 쑥쑥 관용어 시리즈이니만큼 관용어를 가르쳐야 하는 많은 현장에서 귀하게 쓰이는 교재이기 바랍니다. 아이들도 관용어를 배우고 익히는데 조금이나마 도움이 될 수 있기를 기원하겠습니다.

2023.9 저자일동

이렇게 사용해주세요

생각 쑥쑥 관용어 / 음식편

1. 생각체크 — 각 관용어의 생각체크에서는 그림을 통해서 내용을 확인하실 수 있습니다. 각 관용어를 보여주는 상징적인 그림을 통해서 관용어의 뜻을 유추해 볼 수 있도록 하였습니다. 순서대로 따라 하다 보면 관용어의 뜻을 아이 스스로 유추할 수 있을 것입니다.

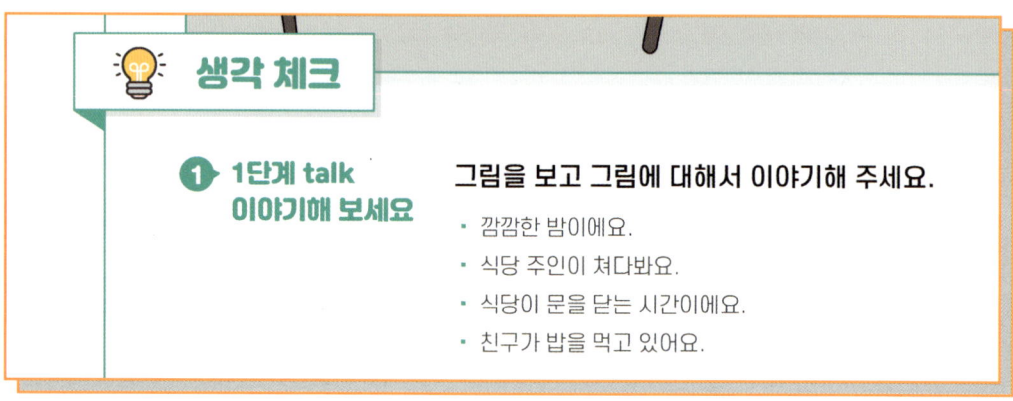

2. 내용체크 — 내용체크에서는 관용어 활용의 예를 살펴보았습니다. 다른 친구들과 자신의 경험을 통해서 어떻게 관용어를 사용할 수 있는지, 그 뜻에서 그치지 않고 실제 사용의 예를 확인할 수 있습니다. 또한 비슷한 표현 등을 통해서 관련 어휘의 확장이 가능하도록 하였습니다.

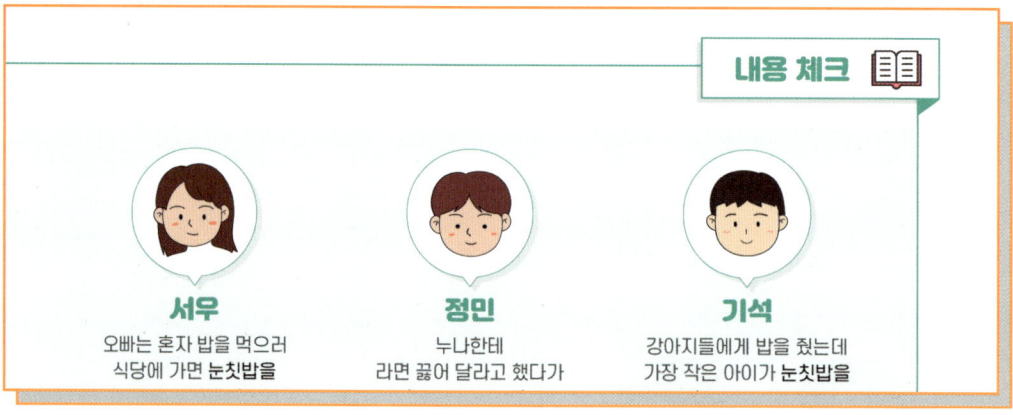

이 교재는 크게 **4가지 순서**로 활용할 수 있도록 제작되었습니다.

3. 다시체크   다시 체크에서는 실제 문제를 통해서 관용어를 알고 활용해 보도록 했습니다. 정확하게 관용어를 이해했는지 혹은 쓰임새를 알고 있는지 점검해 볼 수 있도록 하였습니다.

다시 체크

1. 다음 문장을 보고 알맞은 것에는 O, 틀린 것에는 X 하세요.
   ① 혼자 밥을 먹으려니 눈칫밥을 먹는 거 같아 맛있습니다. ( )
   ② 엄마와 외식하며 맛있는 눈칫밥을 먹었습니다. ( )
   ③ 세준이가 배고파서 국에 말아 눈칫밥을 먹었습니다. ( )
   ④ 아준이는 친구들과 싸워서 급식실에서 눈칫밥을 먹었습니다. ( )
   ⑤ 엄마와 싸운 아빠는 오늘 아침 눈칫밥을 먹었습니다. ( )
   ⑥ 눈칫밥을 먹어야 하는 이유는 같이 밥을 먹으면 맛있기 때문입니다. ( )

4. 활용체크   활용체크에서는 관용어가 드러난 그림과 함께 이야기 활용, 내용 확인, 자신의 경험과 연결하는 모든 작업이 한 페이지 안에서 이루어지도록 했습니다. 배운 관용어에 대한 종합편의 느낌이 들도록 정리했습니다.

생각 쑥쑥 관용어 | 메타언어 시리즈 음식편

목차

PART 01 밥

1	눈칫밥을 먹다	10	6	한 솥밥을 먹다	30
2	밥 먹듯 하다	14	7	한술 더 뜨다	34
3	밥맛 떨어지다	18			
4	밥줄이 끊어지다	22			
5	찬밥 더운밥 가리다	26			

PART 02 죽

1	(변덕이) 죽 끓듯 하다	40
2	식은 죽 먹기	44
3	죽도 밥도 안 되다	48
4	죽을 쑤다	52

PART 03 떡

1	그림의 떡	58
2	떡 주무르듯 하다	62
3	떡이 생기다	66
4	찰떡같다	70

PART 04 국

1	골탕을 먹이다	76
2	국물도 없다	80
3	국수를 먹다	84
4	미역국을 먹다	88
5	떡국을 먹다	92

목 차

PART 05 맛

1	단물을 다 빼먹다	98
2	맛을 들이다	102
3	입맛대로 하다	106
4	입맛을 다시다	110
5	뜨거운 맛을 보다	114

PART 06 음식재료 / 반찬

1	가자미눈을 뜨다	120
2	말짱 도루묵	124
3	얼굴이 홍당무가 되다	128
4	파김치가 되다	132
5	깨가 쏟아지다	136

PART 07 기타

1	도마 위에 오르다	142
2	열매 맺다	146
3	엿장수 맘대로	150
4	호떡집에 불난 것 같다	154
5	화통을 삶아 먹다	158
6	뜸을 들이다	162

PART 01

1	눈칫밥을 먹다	10
2	밥 먹듯 하다	14
3	밥맛 떨어지다	18
4	밥줄이 끊어지다	22
5	찬밥 더운밥 가리다	26
6	한 솥밥을 먹다	30
7	한술 더 뜨다	34

01 눈칫밥을 먹다

💡 생각 체크

1 이야기해 보세요   그림을 보고 그림에 대해서 이야기해 주세요.
- 깜깜한 밤이에요.
- 식당 주인이 쳐다봐요.
- 식당 문을 닫을 시간이에요.
- 친구가 밥을 먹고 있어요.

2 생각해 보세요   이 그림은 어떤 상황일까요?
- 식당 주인이 밥을 먹고 있는 친구를 쳐다보는 이유는 무엇일까요?
- 식당 주인의 표정은 어떤가요?
- 친구가 불편하게 밥을 먹고 있다는 것을 어떻게 알았나요?
- ✓ 위 그림에서 '**눈칫밥을 먹고**' 있는 사람을 찾아 동그라미 해보세요.

3 추측해 보세요   '**눈칫밥을 먹다**'의 의미는 무엇일까요?

> '**눈칫밥을 먹다**'는 식당에서 눈칫밥을 먹고 있는 친구처럼 다른 사람의 눈치를 보면서 기를 펴지 못하고 산다는 말이에요.

내용 체크

서우
오빠는 혼자 밥을 먹으러 식당에 가면 **눈칫밥을** 먹는 거 같다고 했어

정민
누나한테 라면 끓어 달라고 했다가 **눈칫밥을 먹을 뻔했어**

기석
강아지들에게 밥을 줬는데 가장 작은 강아지가 **눈칫밥을 먹는 것처럼** 뒤에 빠져있었어

1 경험 나누기 — 친구들의 경험 들어보기

- 서우의 오빠는 혼자 밥을 먹으면 어떤 느낌이 든다고 했나요?
- 정민이는 왜 누나한테 눈칫밥을 먹을 뻔했나요?
- 기석이가 밥을 주었을 때 어떤 강아지가 눈칫밥을 먹은 것처럼 뒤로 빠져있었나요?

의미 check — 비슷한 의미 표현 알아보기

- **비슷한 말:** 불편하다 / 어색하다

예
- **불편하다:** 오빠랑 싸웠는데 같이 밥을 먹으려고 하니 불편해요
- **어색하다:** 짝꿍이랑 싸워서 사이가 어색해졌어요

2 경험 나누기 — 내 경험 이야기하기

1. 눈칫밥을 먹은 경험이 있나요? (예 / 아니오)
2. 언제 눈칫밥을 먹었다고 느꼈나요?
3. 그때 내 기분은 어땠나요? 표정으로 그려보세요.
4. 내가 다른 사람에게 눈칫밥을 줬던 적이 있나요?

 다시 체크

1. 다음 문장을 보고 알맞은 것에는 O, 틀린 것에는 X 하세요.

　① 혼자 밥을 먹으려니 눈칫밥을 먹는 것 같아 맛있습니다.　　　　(　　)
　② 엄마와 외식하며 맛있는 눈칫밥을 먹었습니다.　　　　　　　　(　　)
　③ 세준이가 배고파서 국에 말아 눈칫밥을 먹었습니다.　　　　　　(　　)
　④ 아준이는 친구들과 싸워서 급식실에서 눈칫밥을 먹었습니다.　　(　　)
　⑤ 엄마와 싸운 아빠는 오늘 아침에 눈칫밥을 먹었습니다.　　　　(　　)
　⑥ 눈칫밥을 먹어야 하는 이유는 같이 밥을 먹으면 맛있기 때문입니다.(　　)

2. 다음 보기에서 '눈칫밥을 먹다'와 비슷한 의미를 찾아 ○ 표시하세요.

> **보기** 편안하다 / 불편하다 / 간편하다 / 편리하다 / 쉽다

3. 다음을 보고 '눈칫밥을 먹다'와 뜻이 다른 문장을 고르세요. (　　)

　① 많은 사람이 나만 쳐다보면 **불편해요**.
　② 초대받지 못한 손님이 와서 집안 분위기가 **어색**해졌어요.
　③ 밖에서 소리 지르는 언니 때문에 엄마가 **난처**해졌어요.
　④ 강아지랑 같이 밖에 나오니 **편안**했어요.
　⑤ 양손을 다쳐서 아무것도 하지 못하니 **괴로워요**.

4. 다음 보기를 보고 공통으로 들어갈 말을 찾아 골라보세요. (　　)

> **보기** 사고만 치는 나는 엄마한테 (　　) 아들이 되었어요
> 　　　　내가 (　　) 이유는 어제 숙제를 안 했기 때문이에요
> 　　　　(　　) 사람들은 편하게 지낼 수 없을 것 같아요

　① 밥이 코로 들어가는　② 입으로 밥을 먹는　③ 눈치 밥을 먹는　④ 입으로 밥이 들어는

활용 체크

그림 이야기
1. 남자친구는 왜 울상을 짓고 있나요?
2. 방의 모습이 어떤가요?
3. 방을 깨끗하게 정리하기 위해 무엇이 필요할까요?
4. 엄마가 문에 기대어 친구를 바라보고 있는 이유는 무엇인가요?

경험 이야기
1. 내 방 청소는 누가 하나요?
2. 내 방은 깨끗하게 정리되어 있나요?
3. 방이 더러워서 엄마에게 혼난 적이 있나요?
4. 왜 물건을 제자리에 놔둬야 할까요?

목표 check
- 의미를 이해했나요?
- '눈칫밥을 먹다'와 관련된 상황을 설명해 줄 수 있나요?

check check / 답안

1. ①X ②X ③X ④O ⑤O ⑥X | 2. 불편하다 | 3. 4번 | 4. 3번

02 밥 먹듯 하다

생각 체크

① 이야기해 보세요   그림을 보고 그림에 대해서 이야기해 주세요.

- 친구가 밥을 먹어요.
- 친구가 아침, 점심, 저녁을 먹어요.
- 친구가 계속 게임을 해요.
- 친구가 아침, 점심, 저녁을 먹고 게임을 해요.

② 생각해 보세요   이 그림은 어떤 상황일까요?

- 친구는 계속 무엇을 먹나요?
- 친구가 밥을 먹고 계속하는 것은 무엇인가요?
- ✔ 위 그림에서 '**밥 먹듯**' 하는 것을 찾아 동그라미 해보세요.

③ 추측해 보세요   '밥 먹듯 하다'의 의미는 무엇일까요?

 '**밥 먹듯 하다**'는 우리가 매일 아침 점심 저녁을 먹듯이, 아무렇지도 않게 매일 한다는 말이에요.

내용 체크

예나
언니가 공부를 **밥 먹듯** 하더니
원하던 대학에 합격했어

시윤
콜라를 **밥 먹듯** 먹었더니
이가 다 썩었어

수호
거짓말을 **밥 먹듯이** 하는
친구 때문에 힘들어

❶ 경험 나누기   친구들의 경험 들어보기

- 예나 언니는 공부를 어떻게 했나요?
- 시윤이는 무엇을 밥 먹듯 먹었나요?
- 수호는 어떤 친구 때문에 힘들다고 했나요?

의미 check   비슷한 의미 표현 알아보기

- **비슷한 말:** 떡 먹듯

  예 - **떡 먹듯:** 누나에게 장난을 떡 먹듯 쳐서 사이가 안 좋아졌다

❷ 경험 나누기   내 경험 이야기하기

1. 밥 먹듯 했던 일이 있나요? (예 / 아니오)
   혹은 밥 먹듯 무언가를 하는 것을 본 적이 있나요?
2. 밥 먹듯 그 일을 했더니 어떻게 되었나요?
3. 그때 어떤 생각이 들었나요?
4. 비슷한 일이 또 있으면 어떻게 하고 싶은가요?

 다시 체크

1. 다음 문장을 보고 알맞은 것에는 O, 틀린 것에는 X 하세요.
   ① 우리 형은 밥 먹듯 달리기 연습을 해서 금메달을 땄다. (   )
   ② 나는 밥 먹듯 공부해서 꼴등을 했다. (   )
   ③ 양치기 소년이 거짓말을 밥 먹듯 해서 사람들은 더 이상 소년을 믿지 않았다. (   )
   ④ 밥 먹듯 할수록 좋은 것은 게임이다. (   )
   ⑤ 밥 먹듯 할수록 좋은 것은 운동이다. (   )
   ⑥ 공부가 습관이 되려면 공부를 밥 먹듯이 해야 한다. (   )

2. 다음 보기에서 '밥 먹듯 하다'와 비슷한 의미를 찾아 ○ 표시하세요.

   보기 매일 하다 / 가끔 하다 / 안 하다 / 밥 먹고 하다 / 고민하며 하다

3. 다음을 보고 '밥 먹듯 하다'와 뜻이 다른 문장을 고르세요. (   )
   ① 양치기 소년은 **떡 먹듯** 거짓말을 했어요.
   ② 나는 **가끔** 여행을 가요.
   ③ 아침 체조는 **늘 하던** 일이라 어렵지 않았어요.
   ④ 할머니는 **아무렇지 않게 늘** 하던 대로 밭에서 감자를 캐셨어요.
   ⑤ 언니는 **매일 하던** 일이라 아무렇지 않게 일을 시작했어요.

4. 다음 보기를 보고 공통으로 들어갈 말을 찾아 골라보세요. (   )

   보기 나는 수영을 배우려고 수영 연습을 (   ) 했어요
   라면을 (   ) 먹었더니, 살이 많이 쪘어요
   공부도 (   ) 하다 보면 점점 쉬워져요

   ① 국수 먹듯   ② 가끔   ③ 밥 먹듯   ④ 밥하듯

그림 이야기
1. 여자친구는 무엇을 하고 있나요?
2. 여자친구가 밥 먹듯 하는 건 무엇일까요?
3. 여자친구의 취미는 무엇인 것 같나요?
4. 왜 그렇게 생각하나요?

경험 이야기
1. 밥 먹듯이 봤던 책이 있나요?
2. 어떤 책이었나요?
3. 밥 먹듯이 하고 싶은 일이 있나요? 그 이유는 무엇일까요?

목표 check
- 의미를 이해했나요?
- '밥 먹듯 하다'와 관련된 상황을 설명해 줄 수 있나요?

Q&A check check / 답안

1. ① O ② X ③ O ④ X ⑤ O ⑥ O | 2. 매일 하다 | 3. 2번 | 4. 3번

03 밥맛 떨어지다

 생각 체크

① 이야기해 보세요 그림을 보고 그림에 대해서 이야기해 주세요.
- 식당이 엄청 더러워요.
- 친구가 더러운 곳을 가리키며 더럽다고 말해요.
- 아빠가 보고 깜짝 놀라요.

② 생각해 보세요 이 그림은 어떤 상황일까요?
- 아빠와 친구는 식당에서 밥을 먹었을까요?
- 왜 먹지 않았을까요?
- 이 식당은 어떻게 될까요?
- ✓ 위 그림에서 '**밥맛 떨어지게**' 만든 곳(장소)을 찾아 동그라미 해보세요.

③ 추측해 보세요 '밥맛 떨어지다'의 의미는 무엇일까요?

 '**밥맛 떨어지다**'는 뭔가 기분 나쁘고, 마음에 들지 않을 때 밥 먹고 싶은 마음이 사라지는 것과 같이 상대방의 말이나 행동이 불쾌해서 싫은 생각이 들 때도 쓸 수 있는 말이에요.

내용 체크

예진
오빠가 방귀를 뀌어서 **밥맛이 뚝 떨어졌어**

시아
밥맛 떨어지니까 자랑 좀 그만해라

수현
언니가 자기 것만 챙기는 모습을 보니 **밥맛 떨어졌어**

① 경험 나누기 — 친구들의 경험 들어보기

- 예진이는 왜 밥맛이 떨어졌나요?
- 시아는 왜 자랑 좀 그만하라고 이야기했나요?
- 수현이는 언니의 어떤 모습에 밥맛이 떨어졌나요?

의미 check — 비슷한 의미 표현 알아보기

- **비슷한 말**: 정떨어지다 / 밥맛(이) 없다

예
- **정떨어지다**: 나는 거짓말을 밥 먹듯 하는 친구에게 정이 떨어졌다
- **밥맛(이) 없다**: 간식을 많이 먹었더니 밥맛이 없다

② 경험 나누기 — 내 경험 이야기하기

1. 어떤 사람의 모습을 보고 밥맛 떨어진다고 생각해 본 적이 있나요? (예 / 아니오)
2. 어떤 모습이었나요?
3. 다른 사람들의 행동 중에서 밥맛 떨어지는 말이나 행동에는 어떤 것들이 있을까요?
4. 이 중에서 가장 밥맛 떨어지는 것은 무엇인지 순위를 매겨 보세요.

 다시 체크

1. 다음 문장을 보고 알맞은 것에는 O, 틀린 것에는 X 하세요.
   ① 반찬에서 벌레가 나온 것을 보고 밥맛이 떨어졌어요.   (   )
   ② 밥맛 떨어지는 말과 행동을 하는 친구는 인기가 많아요.   (   )
   ③ 나를 놀리고 우습게 여기는 친구들을 생각하면 밥맛이 떨어져요.   (   )
   ④ 밥맛 떨어져서 밥을 두 그릇 먹었어요.   (   )
   ⑤ 밥맛 떨어져서 더 이상 밥을 먹을 수가 없었어요.   (   )
   ⑥ 말과 행동이 예의 바른 친구들을 보면 밥맛이 떨어져요.   (   )

2. 다음 보기에서 '밥맛 떨어지다'와 비슷한 의미를 찾아 ○ 표시하세요. (답 2개)

   > 보기 밥맛이 좋다 / 불쾌하다 / 밥맛(이) 없다 / 기분 좋다 / 인기가 많다

3. 다음을 보고 '밥맛 떨어지다'와 뜻이 다른 문장을 고르세요. (   )
   ① 내 말을 무시하는 친구 때문에 매우 **불쾌**했어요.
   ② 엄마는 식당 옆 화장실 냄새가 너무 심해 **밥맛이 없다**고 하셨어요.
   ③ 아빠는 운동을 하고 오셔서 **밥맛이 좋다**고 하셨어요.
   ④ 할머니는 밥을 먹다가 코를 푸는 할아버지 때문에 더 이상 **밥을 못 먹겠다**고 하셨어요.
   ⑤ 지연이는 언니가 잘난 척을 너무 해서 **정떨어진다**고 했어요.

4. 다음 보기를 보고 공통으로 들어갈 말을 찾아 골라보세요. (   )

   > 보기 식당이 너무 더러우면 (   )
   > 친구가 밥 먹는데 계속 침이 튀어서 (   )
   > 자기 자랑하면서 은근히 나를 무시하는 친구를 보니 (   )

   ① 밥맛 좋아요   ② 밥맛 떨어져요   ③ 밥 먹듯 해요   ④ 밥 퍼요

활용 체크

그림 이야기
1. 서 있는 친구는 지금 무엇을 하고 있나요?
2. 밥을 먹던 친구들이 서 있는 친구를 노려보는 이유는 무엇인가요?
3. 위 그림 속 친구 중에서 밥맛 떨어지게 하는 친구는 누구일까요?

경험 이야기
1. 잘난척하는 친구를 본 적이 있나요?
2. 어떤 잘난 척을 했나요?
3. 그 친구의 모습을 보면서 어떤 감정이 들었나요?

목표 check
- 의미를 이해했나요?
- '밥맛 떨어지다'와 관련된 상황을 설명해 줄 수 있나요?

Q&A check check / 답안

1. ① O ② X ③ O ④ X ⑤ O ⑥ X | 2. 불쾌하다, 밥맛(이) 없다 | 3. 3번 | 4. 2번

04 밥줄이 끊어지다

 생각 체크

① 이야기해 보세요 그림을 보고 그림에 대해서 이야기해 주세요.
- 친구와 엄마가 서 있어요.
- 둘 다 기분이 안 좋아 보여요.
- 엄마가 친구에게 용돈을 줄 수 없다고 이야기해요.

② 생각해 보세요 이 그림은 어떤 상황일까요?
- 친구는 왜 기분이 안 좋을까요?
- 친구의 용돈이 끊긴 이유는 무엇일까요?
- 친구와 엄마는 어떤 마음일까요?
- ✓ 위 그림에서 '**밥줄이 끊긴**' 사람을 찾아 동그라미 해보세요.

③ 추측해 보세요 '밥줄이 끊어지다'의 의미는 무엇일까요?

 '**밥줄이 끊어지다**'는 내일부터 용돈이 끊기는 친구와 같이 일자리를 잃어 먹고살기 어렵게 되는 것을 의미해요.

내용 체크

재현
아버지께서 일자리를 잃으셔서 **밥줄이 끊어지게 되었어**

다송
엄마가 다니던 회사가 어려워지게 되면서 어머니의 직장도 문 닫게 되어 **밥줄이 끊어지게 되었어**

연지
엄마 말씀을 안 들었더니 용돈을 안 주신대 **밥줄이 끊어지게 생겼어**

❶ 경험 나누기 — 친구들의 경험 들어보기

- 재현의 아버지는 왜 밥줄이 끊기게 되었나요?
- 다송이의 어머니가 밥줄이 끊기게 된 이유는 무엇인가요?
- 용돈을 못 받게 된 연지는 어떻게 될 것 같다고 말했나요?

의미 check — 비슷한 의미 표현 알아보기

- **비슷한 말:** 일자리를 잃다 / 해고하다

  예
  - **일자리를 잃다:** 일자리를 잃게 되어 먹고살기 힘들어졌다
  - **해고하다:** 직원을 해고시키니 마음이 편치만은 않았다
    * **해고하다** : 사장이 직원을 내보냄

❷ 경험 나누기 — 내 경험 이야기하기

1. 용돈을 못 받아 밥줄이 끊기게 된 적이 있나요? (예 / 아니오)
2. 어떠한 상황이었나요?
3. 그때의 나는 어떤 감정이 들었나요? 나의 감정을 색깔로 표현해 보세요.
4. 용돈이 끊기면 어떤 불편 한 점이 있나요?

 다시 체크

1. 다음 문장을 보고 알맞은 것에는 O, 틀린 것에는 X 하세요.

① 아버지의 밥줄이 끊겨 집이 어렵게 되었어요. (   )
② 저녁 밥줄이 끊어져 다들 배고프다 칭얼거렸어요. (   )
③ 엄마는 가족들의 밥줄이 끊기지 않게 열심히 요리를 해요. (   )
④ 아빠의 밥줄이 끊기게 되면 원하는 장난감을 살 수 없을 거예요. (   )
⑤ 이모부의 밥줄이 끊겨 이모의 표정이 어두워요. (   )
⑥ 마트에 식재료가 떨어져 밥줄이 끊기게 되었어요. (   )

2. 다음 보기에서 '밥줄이 끊어지다'와 비슷한 의미를 찾아 ○ 표시하세요. (답 2개)

> 보기   해고되다 / 고용하다 / 일자리를 잃다 / 가족이 되다 / 일자리를 얻다

3. 다음을 보고 '밥줄이 끊어지다'와 뜻이 다른 문장을 고르세요. (   )

① 언니가 다니던 회사가 **문을 닫게 되었어요**.
② 엄마와 아빠는 **생계를 잃지 않기 위해** 열심히 일을 해요.
③ 이모네 가게는 손님이 없어 **가게가 망했어요**.
④ 가게에 파리만 날려 **먹고살기 힘들어졌어요**.
⑤ 오늘은 저녁을 **먹지 못해서 배고파요**.

4. 다음 보기를 보고 공통으로 들어갈 말을 찾아 골라보세요. (   )

> 보기   (   ) 사고 싶은 것을 못 사게 되었다
> (   ) 절약해야 한다
> (   ) 아빠의 표정이 어둡다

① 밥줄이 끊어져   ② 신발 끈이 풀어져   ③ 반찬이 부족해   ④ 밥이 맛있어

활용 체크

그림 이야기
1. 엄마와 아빠는 어떤 표정을 하고 계시나요?
2. 어떤 상황인 것 같나요?
3. 아빠가 다니던 일자리를 잃게 된 것 같아요. 아빠는 어떤 기분일까요?

경험 이야기
1. 일자리를 잃게 되면 어떤 일이 생길까요?
2. 아빠나 엄마가 만약 같은 상황을 겪게 된다면 어떠한 마음이 들까요?

목표 check
- 의미를 이해했나요?
- '밥줄이 끊어지다'와 관련된 상황을 설명해 줄 수 있나요?

Q&A check check / 답안

1. ① O ② X ③ X ④ O ⑤ O ⑥ X | 2. 해고되다, 일자리를 잃다 | 3. 5번 | 4. 1번

05 찬밥 더운밥 가리다

생각 체크

1 이야기해 보세요 그림을 보고 그림에 대해서 이야기해 주세요.
- 친구가 밥을 먹어요.
- 친구는 배고파서 찬밥을 먹어요.
- 반찬이 김치밖에 없어요.
- 엄마가 따뜻한 밥을 주려고 해요.

2 생각해 보세요 이 그림은 어떤 상황일까요?
- 친구는 왜 찬밥을 먹을까요?
- 엄마는 왜 따뜻한 밥을 주려고 할까요?
- 친구가 찬 밥이라도 빨리 먹고 싶은 이유는 무엇일까요?
- ✔ 위 그림에서 '**찬밥 더운밥 가리**'는 사람을 찾아 동그라미 해보세요.

3 추측해 보세요 '찬밥 더운밥 가리다'의 의미는 무엇일까요?

 '**찬밥 더운밥 가리다**'는 지각해서 빨리 밥을 먹고 나가야 하는 상황에서도 따뜻한 밥을 주려는 엄마처럼 어려운 형편에 있으면서 배부른 행동을 한다는 말이에요.

내용 체크

이영
우리 언니는 피곤해도
잘 때는 매일 **찬밥 더운밥 가리며**
새 이불만 찾아

어진
아빠는 배고파도
찬밥 더운 밥을 가려서
김치가 없으면 식사를 안 하셔

성철
백수 삼촌은
찬밥 더운밥 가리지 않고
일을 구하고 있어

① 경험 나누기 — 친구들의 경험 들어보기

- 이영이 언니가 피곤해도 찬밥 더운밥 가리며 찾는 것은 무엇인가요?
- 어진이 아빠가 찬밥 더운밥 가리며 찾는 반찬은 무엇인가요?
- 성철이 삼촌은 일을 구하려고 어떻게 하고 있나요?

의미 check — 비슷한 의미 표현 알아보기

- **비슷한 말**: 배가 부르다
  - 예 - **배가 부르다**: 그림만 봐도 배가 불러요

- **반대말**: 물불을 가리지 않다
  - 예 - **물불을 가리지 않다**: 우리 오빠는 물불 가리지 않고 어려운 사람들을 잘 도와줘요

② 경험 나누기 — 내 경험 이야기하기

1. '찬밥 더운밥 가리다'와 같았던 경험이 있나요? (예 / 아니오)
2. 왜 그 일을 하지 않았나요?
3. 찬밥 더운밥 가리지 않고 무언가를 해보았던 경험이 있나요? (예 / 아니오)
4. 찬밥 더운밥 가리지 않았던 그때의 내 얼굴 표정을 그림으로 그려보세요.

다시 체크

1. 다음 문장을 보고 알맞은 것에는 O, 틀린 것에는 X 하세요.

① 오빠는 라면 먹을 때 찬밥 더운밥 가려서 찬밥에만 먹어요. (   )

② 남연이는 목이 마르는데도 아무 물이나 먹지 않겠다고 찬밥 더운밥 가려요. (   )

③ 서주는 찬밥 더운밥 가려서 새로 지은 밥을 먹어야 해요. (   )

④ 나는 찬밥 더운밥을 가려 엄마가 주는 밥은 다 잘 먹어요. (   )

⑤ 부연이는 넘어져서 피가 나는데도 손수건이 더럽다며 찬밥 더운밥 가려요. (   )

⑥ 삼촌은 아무 일도 안 한다고 할머니한테 혼이 나서 찬밥 더운밥 가릴 수가 없어요. (   )

2. 다음 보기에서 '찬밥 더운밥 가리다'와 비슷한 의미를 찾아 ○ 표시하세요.

> **보기** 물불을 가리지 않다 / 쪼개다 / 배가 부르다 / 나누다 / 낯을 가리다

3. 다음을 보고 '찬밥 더운밥 가리다'와 뜻이 다른 문장을 고르세요. (   )

① 빨리 나가야 하는데 이것저것 **고르는** 언니가 답답해요.

② 아빠는 집에서도 **가리는** 음식이 많아요.

③ 학교에 지각할 거 같은데도 콩밥의 콩을 **골라내고** 있어요.

④ 오빠는 키가 크려는지 **가리지 않고** 아무거나 잘 먹어요.

⑤ 민하는 **배가 불렀는지** 다 싫다고 거부해요.

4. 다음 보기를 보고 공통으로 들어갈 말을 찾아 골라보세요. (   )

> **보기** (   ) 않고 열심히 일하는 모습이 참 좋아요
> 아빠는 당근을 빼고 먹는 오빠에게 (   ) 않아야 한다고 혼냈습니다

① 찬밥 더운밥 가리지   ② 따듯한 밥을 먹지   ③ 찬밥을 먹지   ④ 쉰 밥을 먹지

| 그림 이야기 | 1. 친구는 왜 비를 맞았을까요?
2. 비에 젖은 옷을 어떻게 해야 할까요?
3. 친구는 왜 토끼옷을 입어야 할까요?
4. 비에 젖은 친구는 토끼 옷을 보면서 왜 기분이 안 좋을까요?

| 경험 이야기 | 1. 비가 오는데 우산이 없어서 당황했던 적 있나요?
2. 비 오는 날 우산이 없을 때 어떻게 해야 할까요?
3. 옷을 갈아입어야 하는데 맞는 옷이 없으면 어떻게 해야 할까요?

| 목표 check |
- 의미를 이해했나요?
- **'찬밥 더운밥 가리다'**와 관련된 상황을 설명해 줄 수 있나요?

Q&A check check / 답안

1. ① X ② O ③ X ④ X ⑤ O ⑥ O | 2. 배가 부르다 | 3. 4번 | 4. 1번

06 한솥밥을 먹다

💡 생각 체크

❶ 이야기해 보세요 그림을 보고 그림에 대해서 이야기해 주세요.
- 친구들이 밥을 먹어요.
- 다 같이 모여서 밥을 먹어요.
- 하나의 솥에 밥이 가득 들어있어요.
- 솥에 들은 밥을 함께 나눠먹어요.

❷ 생각해 보세요 이 그림은 어떤 상황일까요?
- 친구들은 왜 모여 있을까요?
- 왜 하나의 솥에 밥을 담아 나눠먹을까요?
- 함께 모여 밥을 먹으면 어떤 기분이 들까요?
- ✔ 위 그림에서 **'한솥밥을 먹는'** 상황을 찾아 동그라미 해보세요.

❸ 추측해 보세요 '한솥밥을 먹다'의 의미는 무엇일까요?

> **'한솥밥을 먹다'** 는 같이 밥을 먹는 것처럼 함께 생활하며 가족처럼 가깝게 지낸다는 말이에요.

내용 체크

예원
다 함께 옹기종기 모여
한솥밥을 먹으니
더 친해진 느낌이 들어

해솔
전학 온 친구와 친해져
어느덧 **한솥밥을 먹는**
사이가 되었어

유나
예원이와 나는
유치원에서부터 함께
한솥밥을 먹던 사이야

❶ 경험 나누기 — 친구들의 경험 들어보기

- 예원이는 한솥밥을 먹으니 어떤 느낌이 든다고 했나요?
- 해솔이는 전학 온 친구와 어떤 사이가 되었다고 했나요?
- 유나는 예원이와 언제부터 한솥밥을 먹던 사이라고 했나요?

의미 check — 비슷한 의미 표현 알아보기

- **비슷한 말:** 한배를 타다
- 예 — **한배를 타다:** 우리는 이제 '한배를 탄' 사이야

❷ 경험 나누기 — 내 경험 이야기하기

1. 누군가와 한솥밥을 먹은 경험이 있나요? (예 / 아니오)
2. 친한 친구들과 함께 밥을 먹었을 때의 기분은 어떠했나요?
3. 새로운 친구를 맞이하게 되어 한솥밥을 먹게 된 경험이 있나요?
4. 내가 새로운 무리에 가게 되어 같이 밥을 먹었을 때 기분이 어떨까요?

 **다시 체크**

1. 다음 문장을 보고 알맞은 것에는 O, 틀린 것에는 X 하세요.

   ① 우리는 한솥밥을 먹는 친한 사이에요. (   )
   ② 한솥밥을 먹으니 더 낯선 사람같이 느껴져요. (   )
   ③ 먼 친척과 함께 먹는 한솥밥이 맛있어요. (   )
   ④ 유치원에 새로 온 친구와 한솥밥을 먹게 되었어요. (   )
   ⑤ 가족들과 옹기종기 모여 한솥밥을 먹어요. (   )
   ⑥ 처음 보는 아저씨와 한솥밥을 먹어서 편했어요. (   )

2. 다음 보기에서 '한솥밥을 먹다'와 비슷한 의미를 찾아 ○ 표시하세요. (답 2개)

   보기 친하다 / 어렵다 / 낯선 / 신기하다 / 함께 일하다

3. 다음을 보고 '한솥밥을 먹다'와 뜻이 다른 문장을 고르세요. (   )

   ① 우리는 **가족**이에요.
   ② 하나의 끈끈한 **공동체**를 만들어요.
   ③ **친한 친구**와 함께 시간을 보내니 기분이 좋아요.
   ④ **반 친구들**과 함께 일 년을 보내게 되었어요.
   ⑤ **모르는 아주머니**께서 전단지를 주셨어요.

4. 다음 보기를 보고 공통으로 들어갈 말을 찾아 골라보세요. (   )

   보기 같은 반 친구들과 (   )
   추석에 가족들이 모두 모여 (   )
   교회 가족들과 함께 (   )

   ① 무시해요   ② 모르는 척해요   ③ 한솥밥을 먹어요   ④ 밖으로 나가요

활용 체크

그림 이야기
1. 이 그림은 무슨 상황인 것 같나요?
2. 새로 온 친구는 어떻게 하고 있나요? 표정이 어떤가요?
3. 친구들이 새로 온 친구를 환영하고 있어요. 새로 온 친구는 어떤 기분일까요?
4. 이 친구들은 앞으로 어떻게 될지 생각해 보세요.

경험 이야기
1. 새로운 유치원이나 학교, 학원 등에 가게 된 경험이 있나요?
2. 새로운 친구들과 함께 모여 밥을 먹을 때 어떠한 기분이 들었나요?
3. 가족들과 함께 모여 밥을 먹을 때 어떠한 기분이 드나요?

목표 check
- 의미를 이해했나요?
- '한솥밥을 먹다'와 관련된 상황을 설명해 줄 수 있나요?

Q&A check check / 답안

1. ① O ② X ③ X ④ O ⑤ O ⑥ X | 2. 친하다, 함께 일하다 | 3. 5번 | 4. 3번

07 한술 더 뜨다

생각 체크

1 이야기해 보세요 그림을 보고 그림에 대해서 이야기해 주세요.
- 친구가 밥을 먹고 있어요.
- 식탁에 반찬(계란말이, 불고기)이 있어요.
- 엄마가 더 먹고 가라고 했어요.
- 친구는 맛있게 먹고 있어요.

2 생각해 보세요 이 그림은 어떤 상황일까요?
- 엄마가 밥을 먹고 가라고 하는 이유는 무엇일까요?
- 밥을 먹고 있는 친구의 기분은 어떨까요?
- ✔ 위 그림에서 '**한술 더 뜨는**' 친구에게 동그라미 해보세요.

3 추측해 보세요 '한술 더 뜨다'의 의미는 무엇일까요?

> '**한술 더 뜨다**'는 엄마가 말하기 전에 이미 밥을 먹고 있는 아이처럼 남이 생각하고 있는 것을 미리 생각해 해결할 방법을 세우거나, 이미 어느 정도 잘못되어 있는 일에 대하여 한 단계 더 나아가 엉뚱한 짓을 한다는 말이에요.

내용 체크

하림
진우는 장난을 칠 때 **한술 더 떠서 혼이 많이 나**

여명
우리 삼촌은 내가 혼날 때마다 옆에서 **한술 더 떠서 화를 내**

진호
누나는 어떤 일이든 **한술 더 떠서 생각할 수 있어 대**단하다고 생각해

❶ 경험 나누기 　친구들의 경험 들어보기

- 하림이는 진우가 어떤 일을 할 때 한술 더 뜬다고 이야기했나요?
- 여명이 삼촌은 내가 혼날 때마다 옆에서 무엇을 하나요?
- 진호는 한술 더 떠서 생각하는 누나를 어떻게 생각하나요?

의미 check　비슷한 의미 표현 알아보기

- **비슷한 말:** 부채질하다

  예 - **부채질하다:** 우리 아빠는 내가 혼 날 때 옆에서 부채질을 해요

❷ 경험 나누기 　내 경험 이야기하기

1. 나는 평소에 한술 더 떠서 행동한 적 있나요? (예 / 아니오)
2. 어떤 상황에서 그렇게 행동했었나요?
3. 혼나고 있을 때 옆에서 한술 더 뜨는 사람이 있으면 어떤 생각이 들까요?
4. 왜 그런 감정이 드는지 이야기해 보세요. 그때의 내 표정은 어떨지 그림으로 그려보세요.

 **다시 체크**

1. 다음 문장을 보고 알맞은 것에는 O, 틀린 것에는 X 하세요.

   ① 우리 오빠는 언니보다 한술 더 뜨는 것으로 유명합니다. (   )

   ② 인혁이는 물을 한술 더 떠서 마셨습니다. (   )

   ③ 하연이는 조금만 아파도 한술 더 떠서 쓰러지는 척합니다. (   )

   ④ 언니는 배가 아파서 밥 한술 더 떠서 먹었습니다. (   )

   ⑤ 엄마는 아픈 동생에게 밥 한술 더 떠서 먹였습니다. (   )

   ⑥ 아빠는 힘드실 때마다 항아리에 있는 술을 한술 더 뜨셔서 마십니다. (   )

2. 다음 보기에서 '한술 더 뜨다'와 비슷한 의미를 찾아 ○ 표시하세요.

   > **보기** 먹다 / 부채질하다 / 배부르다 / 뱉다 / 신기하다

3. 다음을 보고 '한술 더 뜨다'와 뜻이 다른 문장을 고르세요. (   )

   ① 우리 집 강아지는 간식을 주면 **유별나게** 손을 핥아요.

   ② 언니는 학원에서 돌아와 **배부르게** 밥을 먹어요.

   ③ 내 동생은 **엉뚱해서** 이상한 대답을 많이 해요.

   ④ 오빠는 **별나서** 어떤 상황에서도 해결책을 생각할 수 있어요.

   ⑤ 아빠는 내가 조금만 아파도 **오버**하세요.

4. 다음 보기를 보고 공통으로 들어갈 말을 찾아 골라보세요. (   )

   > **보기** 소연이는 (   ) 장난을 치고 있어요
   > 문제가 생기면 (   ) 생각하는 아리가 대단한 거 같아요

   ① 한술 더 떠서   ② 한 국자 더 떠서   ③ 한 그릇 더 먹어서   ④ 한 컵 더 먹어서

활용 체크

그림 이야기
1. 아이들은 지금 무엇을 하고 있나요?
2. 아빠는 왜 당황하고 있나요?
3. 두 아이 중에 한술 더 뜨고 있는 아이는 누구일까요? 그렇게 생각한 이유는 무엇인가요?
4. 음식을 먹을 때 흘리고 먹지 않으려면 어떻게 해야 하나요?

경험 이야기
1. 음식을 먹을 때 지켜야 할 규칙에는 어떤 것이 있나요?
2. 손으로 먹는 아이를 보게 된다면 나는 어떤 것을 해 줄 수 있나요?
3. 식탁에 음식을 흘리게 되면 어떻게 해야 할까요?

목표 check
- 의미를 이해했나요?
- '한술 더 뜨다'와 관련된 상황을 설명해 줄 수 있나요?

Q&A check check / 답안

1. ① O ② X ③ O ④ X ⑤ X ⑥ X | 2. 부채질하다 | 3. 2번 | 4. 1번

PART 02

1	(변덕이) 죽 끓듯 하다	40
2	식은 죽 먹기	44
3	죽도 밥도 안 되다	48
4	죽을 쑤다	52

01 (변덕이) 죽 끓듯 하다

생각 체크

1 이야기해 보세요   그림을 보고 그림에 대해서 이야기해 주세요.

- 죽을 센 불로 끓이고 있어요.
- 죽이 그릇 밖으로 튀고 있어요.

2 생각해 보세요   이 그림은 어떤 상황일까요?

- 죽이 어떤 상태인가요?
- 죽이 넘치지 않게 하려면 어떻게 해야할까요?
- ✔ 위 그림에서 '**죽이 끓고 있는**' 그림에 동그라미 해보세요.

3 추측해 보세요   '죽 끓듯 하다'의 의미는 무엇일까요?

> '**죽 끓듯 하다**'는 죽이 사방으로 튀는 것과 같이 말은 행동이나 말을 이랬다 저랬다 하는 모습을 표현하는 말이에요.

내용 체크

인주
방금 전까지 기분이 좋다가 갑자기 울음을 터뜨리는 동생은 변덕이 죽 끓듯 해서 옆에서 보고 있으면 화가 나

민지
언니가 수학공부를 한다고 하다가 갑자기 영어공부를 하겠다고 말하는 모습을 보니 변덕이 죽 끓듯하네

유희
변덕이 죽 끓듯한 예진이는 김밥을 먹으러 가자고 해 놓고 갑자기 마라탕을 먹겠다고 우기네

❶ 경험 나누기 — 친구들의 경험 들어보기

- 인주는 울음을 터뜨리는 동생의 모습을 보고 어떻게 말했나요?
- 민지네 언니의 모습이 죽 끓듯 하는 것 같다고 말한 이유는 무엇인가요?
- 유희는 왜 예진이의 변덕이 죽 끓듯 하다고 했나요?

의미 check — 비슷한 의미 표현 알아보기

- **비슷한 말:** 이랬다 저랬다 하다

    예 — **이랬다 저랬다 하다:** 왜 자꾸 이랬다저랬다 해!

❷ 경험 나누기 — 내 경험 이야기하기

1. 변덕이 죽 끓듯 행동한 경험이 있나요? (예 / 아니오)
2. 그 상황은 어떤 상황이었나요?
3. 왜 그렇게 행동했었나요?
4. 그때 어떠한 감정이 들었는지 이야기해주세요.

다시 체크

1. 다음 문장을 보고 알맞은 것에는 O, 틀린 것에는 X 하세요.

① 매일 이랬다저랬다 하는 소정이는 변덕이 죽 끓듯 하는 것 같아요.   (   )
② 공부에 오랫동안 집중하는 민지는 변덕이 죽 끓듯 하는 것 같아요.   (   )
③ 좋아하는 노래만 계속 부르는 소라는 변덕이 죽 끓듯 하는 것 같아요.   (   )
④ 항상 친절한 선생님의 모습은 변덕이 죽 끓듯 하는 것 같아요.   (   )
⑤ 좋아하는 음식이 매일 다른 유희의 모습은 변덕이 죽 끓듯 하는 것 같아요.   (   )
⑥ 매일 싸웠다 화해하는 동생과 나의 사이는 변덕이 죽 끓듯 하는 것 같아요.   (   )

2. 다음 보기에서 '(변덕이) 죽 끓듯 하다' 비슷한 의미를 찾아 ○ 표시하세요.

> **보기** 성실하다 / 꾸준히 하다 / 이랬다저랬다 하다 / 명랑하다

3. 다음을 보고 '(변덕이) 죽 끓듯 하다'와 뜻이 다른 문장을 고르세요. (   )

① 아침에는 비가 오더니 점심에는 해가 쨍쨍해요.
② 공부를 하려고 앉았는데 게임을 하고 싶어요.
③ 치마를 입고 나왔는데 바지로 갈아입고 싶어요.
④ 매일 아침 일어나자마자 이불 정리를 해요.
⑤ 딸기 음료수를 샀는데 키위 음료수로 바꾸고 싶어요.

4. 다음 보기를 보고 공통으로 들어갈 말을 찾아 골라보세요. (   )

> **보기** 이랬다저랬다 변덕이 (   )
> 제 마음대로 하는 행동을 보니 변덕이 (   )
> 꾸준하게 하지 못하고 변덕이 (   )

① 죽 끓듯 해요   ② 들끓어요   ③ 심해요   ④ 시끄러워요

그림 이야기
1. 여기는 어디일까요?
2. 친구는 무엇을 하고 있나요?
3. 옷들이 왜 바닥에 떨어져 있을까요?
4. 친구는 어떤 옷을 고를까요? 왜 그렇게 생각했나요?

경험 이야기
1. 옷 가게에 가본 적이 있나요? 누구와 함께 갔나요?
2. 어떤 옷을 사러 갔었나요?
3. 사려던 옷을 두고 망설였던 적이 있나요?
4. 그럴 때 나라면 어떻게 할 것 같나요?

목표 check
- 의미를 이해했나요?
- '(변덕이) 죽 끓듯 하다'와 관련된 상황을 설명해 줄 수 있나요?

Q&A check check / 답안

1. ① O ② X ③ X ④ X ⑤ O ⑥ O | 2. 이랬다저랬다 하다 | 3. 4번 | 4. 1번

02 식은 죽 먹기

생각 체크

1 이야기해 보세요   그림을 보고 그림에 대해서 이야기해 주세요.
- 여자 친구가 뜨거운 죽을 먹고 있어요.
- 남자 친구만 선풍기 바람을 쐬고 있어요.
- 여자친구는 죽을 먹기 힘들어요.
- 남자 친구는 선풍기 바람에 죽이 식어서 먹기 좋아요.

2 생각해 보세요   이 그림은 어떤 상황일까요?
- 선풍기 바람을 쐬고 있는 죽은 어떻게 되었을까요?
- 여자친구는 왜 죽을 먹기 힘든가요?
- 어떤 죽을 먹는 것이 쉬울까요?
- ✔ 위 그림에서 '**식은 죽을 먹고**' 있는 사람을 찾아 동그라미 해보세요.

3 추측해 보세요   '**식은 죽 먹기**'의 의미는 무엇일까요?

> '**식은 죽 먹기**'는 뜨겁지 않은 죽을 먹는 것처럼 어렵지 않고 쉬운 일을 할 때 쓰는 말이에요.

내용 체크

혜민
네 발 자전거 타는 건
식은 죽 먹기지

재인
이번 숙제는
식은 죽 먹기라서
금방 끝냈어

시원
공부했던 내용이
시험에 다 나와서, 이번 시험은
식은 죽 먹기였어

1 경험 나누기 — 친구들의 경험 들어보기

- 혜민이에게 네 발 자전거 타는 건 어떤 일인가요?
- 재인이가 숙제를 금방 끝낼 수 있었던 이유는 무엇인가요?
- 시원이에게 '식은 죽 먹기'였던 건 무엇인가요?

의미 check — 비슷한 의미 표현 알아보기

- **비슷한 말:** 누워서 떡 먹기 / 땅 짚고 헤엄치기

- 예
  - **누워서 떡 먹기:** 한 자릿수 더하기는 누워서 떡 먹기예요
  - **땅 짚고 헤엄치기:**
    어렸을 때부터 미술학원에 다녀서, 사과 그리기는 땅 짚고 헤엄치기예요

2 경험 나누기 — 내 경험 이야기하기

1. 식은 죽 먹기처럼 쉬웠던 일을 해본 적이 있나요? (예 / 아니오)
2. 어떤 것이었나요?
3. 그 일은 처음부터 식은 죽 먹기였나요? (예 / 아니오)
4. 식은 죽 먹기인 일을 할 때 내 표정은 어떤가요? 표정을 그림으로 그려보세요.

다시 체크

1. 다음 문장을 보고 알맞은 것에는 O, 틀린 것에는 X 하세요.

① 우리 언니는 물을 무서워해서 다이빙은 식은 죽 먹기예요. ( )
② 야구 선수인 아빠에게 공 멀리 던지기는 식은 죽 먹기예요. ( )
③ 엄마는 요리를 엄청 잘 해서 김밥 싸는 건 식은 죽 먹기예요. ( )
④ 줄넘기를 한 번도 해 본 적이 없어서 이단 뛰기는 식은 죽 먹기예요. ( )
⑤ 9세용 레고 조립이 6세용 레고 조립보다 더 식은 죽 먹기예요. ( )
⑥ 이건 어렸을 때 맞췄던 퍼즐이라서 식은 죽 먹기예요. ( )

2. 다음 보기에서 '식은 죽 먹기'와 비슷한 의미를 찾아 ○ 표시하세요.

> **보기** 맛있다 / 어렵다 / 헷갈리다 / 쉽다

3. 다음을 보고 '식은 죽 먹기'와 뜻이 다른 문장을 고르세요. ( )

① 처음 해 보는 거라서, 너무 **어려웠어요**.
② 퀴즈가 **어렵지 않아서** 금방 풀었어요.
③ 강아지를 돌보는 일은 생각보다 너무 **수월했어요**. (* 수월하다: 까다롭거나 어렵지 않아 하기가 쉽다.)
④ 혼자 양말 신는 건 **쉬운 일이에요**.
⑤ 엄마는 매일매일 설거지를 하셔서, 설거지가 **별거 아니래요**.

4. 다음 보기를 보고 공통으로 들어갈 말을 찾아 골라보세요. ( )

> **보기** ( ) 처럼 쉬운 일이에요
> 강아지를 너무 좋아해서 강아지랑 노는 건 ( )에요
> 아이스크림 2개 먹는 건 ( )에요

① 매운 죽 먹기　　② 죽을 쑤다　　③ 뜨거운 죽 먹기　　④ 식은 죽 먹기

활용 체크

그림 이야기
1. 여자친구와 남자친구 중 퍼즐이 식은 죽 먹기인 친구는 누구인가요?
2. 여자 친구는 퍼즐을 왜 어려워하는 걸까요?
3. 누가 먼저 퍼즐을 맞출까요?
4. 그렇게 생각 한 이유는 무엇인가요?

경험 이야기
1. 식은 죽 먹기처럼 맞추기 쉬웠던 퍼즐이 있나요?
2. 어떤 퍼즐이었나요?
3. 그 퍼즐이 쉬웠다면 이유가 무엇일까요?
4. 식은 죽 먹기였던 놀이나 공부가 있었다면 어떤 것이었을까요?

목표 check
- 의미를 이해했나요?
- '식은 죽 먹기'와 관련된 상황을 설명해 줄 수 있나요?

Q&A check check / 답안

1. ① X ② O ③ O ④ X ⑤ X ⑥ O | 2. 쉽다 | 3. 1번 | 4. 4번

03 죽도 밥도 안 되다

🔍 생각 체크

① 이야기해 보세요 그림을 보고 그림에 대해서 이야기해 주세요.

- 아빠가 설거지를 하려고 해요.
- 엄마가 아빠에게 설거지를 했는지 묻고 있어요.
- 설거지가 잘 안된 것 같아요.
- 아빠가 고무 장갑을 끼고 있어요.

② 생각해 보세요 이 그림은 어떤 상황일까요?

- 누가 설거지를 했을까요?
- 엄마는 왜 놀란 표정을 지었나요?
- 설거지가 깨끗하게 안되었다고 생각한 이유는 무엇인가요?
- ✔ 위 그림에서 **'죽도 밥도 안 되다'**와 관련된 표현이 나타나는 부분을 찾아 동그라미 해보세요.

③ 추측해 보세요 '**죽도 밥도 안 되다**'의 의미는 무엇일까요?

> 💬 '**죽도 밥도 안 되다**'는 설거지를 대충 하고 간 아빠처럼 일이 제대로 마무리 되지 않아 이것도 저것도 되지 않는 어중간한 상태라는 말이에요.

내용 체크

리아
청소를 하다가 중간에 그만두었더니 **죽도 밥도** 아니게 되었어

소울
피아노학원에 자주 결석하는 바람에 **죽도 밥도** 아니게 되어서 잘 못쳐

도운
살을 빼려 열심히 운동을 했는데 저녁에 치킨을 먹어버리는 바람에 **죽도 밥도 아니게 되어서** 속상해

---

1 경험 나누기 — 친구들의 경험 들어보기

- 리아는 무엇을 하다가 그만두었나요?
- 소울이의 피아노 실력이 죽도 밥도 아니게 된 이유는 무엇일까요?
- 도운이는 왜 죽도 밥도 아니게 되었다고 했나요?

의미 check — 비슷한 의미 표현 알아보기

- **비슷한 말**: 이도 저도 안 되다 / 어중간하다

- **예**
  - **이도 저도 안 되다**: 시험공부를 대충 했더니 이도 저도 안된 점수를 받았어요
  - **어중간하다**: 일교차가 커 아직은 반팔 입기가 어중간해요

2 경험 나누기 — 내 경험 이야기하기

1. 죽도 밥도 안됐던 경험이 있나요? (예 / 아니오)
2. 어떤 상황이었나요?
3. 죽도 밥도 안됐을 때 어떻게 했었나요?
4. 죽도 밥도 안됐을 때 어떤 기분이 들었나요? 그때의 기분을 색깔로 표현해 보세요.

다시 체크

1. 다음 문장을 보고 알맞은 것에는 O, 틀린 것에는 X 하세요.

① 양치를 하고 난 뒤 과자를 먹고 자서 죽도 밥도 아니게 되었어요. (   )
② 산책을 하러 나왔는데 비가 와서 죽도 밥도 아니게 되었어요. (   )
③ 수학 시간에 국어 책을 가져와서 죽도 밥도 아니게 되었어요. (   )
④ 아픈 엄마를 위해 끓인 죽이 덜 익어서 죽도 밥도 아니게 되었어요. (   )
⑤ 꼼꼼한 우리 아빠는 설거지를 죽도 밥도 아니게 했어요. (   )
⑥ 학교 급식에서 죽이 나와서 죽도 밥도 아니게 되었어요. (   )

2. 다음 보기에서 '죽도 밥도 안 되다'와 비슷한 의미를 찾아 ○ 표시하세요. (답 2개)

> 보기 열심히 하다 / 어중간하다 / 이도 저도 아니게 되다 / 성과를 내다

3. 다음을 보고 '죽도 밥도 안 되다'와 뜻이 다른 문장을 고르세요. (   )

① 이렇게 공부하다간 목표를 **달성하지 못할 것 같아요**.
② 일찍 자려고 누웠는데 잠이 안 와서 일찍 누운 **의미가 없어졌어요**.
③ 집에 가서 먹으려던 아이스크림이 다 녹아버려 **쓸모 없어졌어요**.
④ 엄마가 만들어주신 밥이 너무 질어서 **술술 넘어갔어요**.
⑤ 친구의 생일 기념으로 준비한 선물이 사라져 **다시 사러 갔어요**.

4. 다음 보기를 보고 공통으로 들어갈 말을 찾아 골라보세요. (   )

> 보기 중간에 포기하여 (   )
> 실수로 까먹는 바람에 (   )
> 열심히 노력하지 않아 (   )

① 죽도 밥도 아니게 되다   ② 밥이 죽이 되다   ③ 국이 너무 싱겁다   ④ 밥을 먹는다

활용 체크

그림 이야기
1. 여자 친구는 무엇을 하고 있나요?
2. 친구는 무엇을 결심했나요?
3. 친구는 꾸준히 책을 읽었나요? 결국 어떻게 되었나요?

경험 이야기
1. (방학기간에) 무엇을 해보자고 계획했던 적이 있나요?
2. 결심해 놓고 끝까지 이루지 못했던 경험이 있나요?
3. 결심한 것을 이루기 위해선 어떻게 해야 할까요?

목표 check
- 의미를 이해했나요?
- '죽도 밥도 안 되다'와 관련된 상황을 설명해 줄 수 있나요?

check check / 답안

1. ① O ② O ③ O ④ O ⑤ X ⑥ X | 2. 어중간하다, 이도 저도 아니게 되다 | 3. 4번 | 4. 1번

04 죽을 쑤다

💡 생각 체크

❶ 이야기해 보세요 — 그림을 보고 그림에 대해서 이야기해 주세요.
- 친구가 울고 있어요.
- 커다란 냄비에 죽을 끓이고 있어요.
- 주걱으로 죽을 저어요.
- 시험 성적이 좋지 않아요.

❷ 생각해 보세요 — 이 그림은 어떤 상황일까요?
- 친구는 왜 시험지를 넣고 죽을 끓이는 걸까요?
- 시험 성적을 올리려면 어떻게 해야 할까요?
- 친구가 시험 성적이 나쁜 이유는 무엇일까요?
- ✓ 위 그림에서 '**죽을 쑤는**' 사람을 찾아 동그라미 해보세요.

❸ 추측해 보세요 — '죽을 쑤다'의 의미는 무엇일까요?

 '**죽을 쑤다**'는 시험 성적이 좋지 않아 슬퍼하는 친구처럼 어떤 일을 망치거나 실패한다는 말이에요.

내용 체크

재욱
친구들이랑 게임을 했는데 나만 **죽 쒔어**

소희
이모는 배가 아파 시험에 집중하지 못해서 **죽 쒔다고 했어요**

윤정
아빠의 요리가 **죽 쑨** 이유는 김치찌개에 소금을 많이 넣어서 그런 거야

❶ 경험 나누기 친구들의 경험 들어보기
- 재욱이가 무엇을 하는데 죽을 쒔나요?
- 소희의 이모는 왜 시험에 집중하지 못하고 죽을 쒔나요?
- 윤정이의 아빠가 요리를 죽 쑨 이유는 무엇인가요?

의미 check 비슷한 의미 표현 알아보기
- **비슷한 말:** 망하다 / 실패하다

  예
  - **망하다:** 밤마다 먹고 싶은 게 많아 살을 빼려고 했던 계획이 망했어요
  - **실패하다:** 라면을 끓일 때 물을 너무 많이 넣어서 라면 끓이기에 실패했어요

❷ 경험 나누기 내 경험 이야기하기
1. 나는 죽을 쑤어서 일을 망쳤던 경험이 있나요? (예 / 아니오)
2. 그 일은 어떤 일이었나요?
3. 그때 감정은 어땠나요? 색깔로 표현해 보고 이유를 설명해 주세요.
4. 시험에서 죽을 쑤지 않으려면 어떻게 해야 하나요?

다시 체크

1. 다음 문장을 보고 알맞은 것에는 O, 틀린 것에는 X 하세요.

   ① 엄마가 아픈 언니를 위해 죽을 쒔어요. (　　)
   ② 게임만하는 걸 보니 오빠는 이번 시험도 죽 쑬거 같아요. (　　)
   ③ 주영이는 배가 고파서 죽을 쒀 먹었습니다. (　　)
   ④ 동주는 항상 1등을 해서 죽을 쑤고 있습니다. (　　)
   ⑤ 성우는 손재주가 좋지 않아 고칠 때마다 죽을 씁니다. (　　)
   ⑥ 태형이는 동생을 위해 죽을 쑤고 맛을 봅니다. (　　)

2. 다음 보기에서 '죽을 쑤다'와 비슷한 의미를 찾아 ○ 표시하세요.

   > **보기** 망치다 / 성공하다 / 이루다 / 만들다 / 잘되다

3. 다음을 보고 '죽을 쑤다'와 뜻이 다른 문장을 고르세요. (　　)

   ① 엄마한테서 고양이가 배변 훈련에 **성공했다고** 전화 왔어요.
   ② 오빠는 늦잠을 자는 바람에 아침 운동을 **그르쳐** 버렸어요.
   ③ 한 눈 파는 사이에 게임에서 **졌어요**.
   ④ 친구가 내가 그린 그림에 물을 부려서 **망쳤어요**.
   ⑤ 장난감을 고치려고 했는데 **실패했어요**.

4. 다음 보기를 보고 공통으로 들어갈 말을 찾아 골라보세요. (　　)

   > **보기** 지하철을 타고 왔는데 지갑을 놔두고 와서 (　　) 됐어요
   > 오빠가 계속 장난쳐서 복수로 블록 쌓기를 (　　) 할 거예요

   ① 죽을 버리게　　② 죽을 쑤게　　③ 국을 먹게　　④ 말아 먹게

그림 이야기
1. 원래 무엇을 만들어야 하는 시간인가요?
2. 여자 친구는 왜 기뻐하고 있나요?
3. 남자 친구는 왜 실망하고 있나요?
4. 남자 친구는 왜 공작이 아닌 참새를 만들었을까요?

경험 이야기
1. 종이접기를 할 때, 만들기가 어려웠던 경험이 있나요?
2. 혼자 만들기 어려울 때는 어떻게 하면 좋을까요?
3. 만들기를 할 때 만드는 방법을 알아야 하는 이유는 무엇인가요?

목표 check
- 의미를 이해했나요?
- '죽을 쑤다'와 관련된 상황을 설명해 줄 수 있나요?

check check / 답안

1. ① X ② O ③ X ④ X ⑤ O ⑥ X | 2. 망치다 | 3. 1번 | 4. 2번

PART 03
떡

1	**그림의 떡**	58
2	**떡 주무르듯 하다**	62
3	**떡이 생기다**	66
4	**찰떡같다**	70

01 그림의 떡

생각 체크

1 이야기해 보세요   그림을 보고 그림에 대해서 이야기해 주세요.

- 아빠랑 손을 잡고 가고 있어요.
- 장난감을 지나고 있어요.
- 트럭이 갖고 싶어요.
- 아빠가 "약속했지!"라고 말해요.

2 생각해 보세요   이 그림은 어떤 상황일까요?

- 친구가 왜 장난감 가게를 지나며 슬픈 표정을 짓고 있나요?
- 친구는 아빠랑 무슨 약속을 했을까요?
- ✔ 위 그림에서 **'그림의 떡'**인 물건을 찾아 동그라미 해보세요.

3 추측해 보세요   '그림의 떡'의 의미는 무엇일까요?

> **'그림의 떡'**은 원하는 장난감이 눈앞에 있어도 살 수 없는 친구처럼 가지고 싶지만 가질 수 없다는 뜻으로, 눈앞에 있지만 먹을 수도, 가질 수도, 쓸 수도 없다는 말이에요.

내용 체크

하영
빨간색 치마를 가지고 싶은데
저 옷은 너무 비싸서
그림의 떡이야

성은
다이어트하는 엄마에게
떡볶이는 그림의 떡이야

주아
다리가 없는 인어공주에게
육지에 사는 왕자님을 만나는
일은 그림의 떡이야

❶ 경험 나누기   친구들의 경험 들어보기

- 하영이에게 빨간색 치마는 왜 그림의 떡인가요?
- 다이어트하는 엄마에게 떡볶이는 무엇인가요?
- 인어공주가 왕자님을 만나는 건 왜 그림의 떡인가요?

의미 check   비슷한 의미 표현 알아보기

- **비슷한 말:** 넘사벽

- **예 - 넘사벽:** 저 친구의 달리기 실력은 '넘사벽'이다

    * **넘사벽:** 넘을 수 없는 사차원의 벽'이라는 뜻으로 매우 뛰어나서 아무리 노력해도 따라잡을 수 없거나 대적할 만한 상대가 없음을 이르는 말이다

❷ 경험 나누기   내 경험 이야기하기

1. 나에게 '그림의 떡'이었던 물건이나 음식이 있었나요? (예 / 아니오)
2. 어떤 것이었나요?
3. 그것을 갖지 못하거나 먹지 못했던 이유는 무엇인가요?

다시 체크

1. 다음 문장을 보고 알맞은 것에는 O, 틀린 것에는 X 하세요.

① 용돈을 다 써 버린 지영이에게 저 아이스크림은 그림의 떡이에요. (   )

② 그림의 떡이라서 갖고 싶어도 가질 수가 없어요. (   )

③ 엄마는 가난한 우리 형편에 저 큰 집은 그림의 떡이라고 하셨어요. (   )

④ 그림의 떡이라서 만져도 보고 먹을 수도 있어요. (   )

⑤ 엄청난 부자에게 이 피자는 그림의 떡이에요. (   )

⑥ 원하면 가질 수 있는 걸 그림의 떡이라고 해요. (   )

2. 다음 보기에서 '그림의 떡'과 같은 의미를 찾아 ○ 표시하세요.

> **보기** 가지고 싶어도 못 갖는다 / 원한다면 가질 수 있다 / 원하지 않는다 / 가지고 있다

3. 다음을 보고 '그림의 떡'과 뜻이 다른 문장을 고르세요. (   )

① 아무리 열심히 해도 지금 나는 수학 100점을 맞긴 **어려울 것 같아요**.

② 저 게임기는 너무 비싸서 나는 도저히 **살 수가 없어요**.

③ 나는 키가 작아서 덩크슛은 하고 싶어도 **할 수가 없다**.

④ 성적이 많이 올라서 약속대로 엄마가 게임기를 **사주셨어요**.

⑤ 실수를 많이 해서 이번 영어 시험에서 100점 맞는 건 **불가능해요**.

4. 다음 보기를 보고 공통으로 들어갈 말을 찾아 골라보세요. (   )

> **보기** 수영을 못 하는 나에게 해양 구조대가 되는 건 (   )이다
> (   )은 먹고 싶어도 먹을 수 없다

① 그림자 ② 직접 만든 떡 ③ 그림의 떡 ④ 그림의 빵

활용 체크

그림 이야기
1. 친구는 무엇을 하고 있나요? 그렇게 하고 있는 이유는 무엇일까요?
2. 친구는 운동을 하면서 무엇을 보고 있나요?
3. 왜 보고만 있나요?
4. 친구가 참지 못하고 치킨을 먹게 되면 어떻게 될까요?

경험 이야기
1. 주변에 뚱뚱하다고 생각한 사람이 있나요?
2. 뚱뚱하다고 생각한 사람은 누구인가요?
3. 그 사람이 어떻게 하면 살이 빠질까요?

목표 check
- 의미를 이해했나요?
- '그림의 떡'과 관련된 상황을 설명해 줄 수 있나요?

Q&A check check / 답안

1. ①O ②O ③O ④X ⑤X ⑥X | 2. 가지고 싶어도 못 갖는다 | 3. 4번 | 4. 3번

02 떡 주무르듯 하다

생각 체크

1 이야기해 보세요   그림을 보고 그림에 대해서 이야기해 주세요.
- 친구가 만들기하고 있어요.
- 떡(찰흙)을 만지고 있어요.
- 재미있어하고 있어요.
- 인형(마리오네트)을 생각하고 만들어요.

2 생각해 보세요   이 그림은 어떤 상황일까요?
- 찰흙으로 무엇을 만들 수 있나요?
- 내가 마음대로 할 수 있는 일은 무엇이 있나요?
- ✔ 위 그림에서 **'떡 주무르듯 하는'** 것에 동그라미 해보세요.

3 추측해 보세요   '떡 주무르듯 하다'의 의미는 무엇일까요?

> **'떡 주무르듯 하다'**는 인형을 만들고 싶어 하는 친구처럼 자기가 하고 싶은 대로 마음대로 다룬다는 말이에요.

내용 체크

수리
우리 오빠는 **떡 주무르듯** 매번 나한테만 심부름을 시켜서 기분이 나빠

성희
우리 아빠는 컴퓨터를 **떡 주무르듯** 잘 고쳐서 멋있어

지선
언니는 나한테 맨날 잔소리 해 나는 힘이 세져서 언니를 **떡 주무르듯** 내 마음대로 할 거야

① 경험 나누기　　친구들의 경험 들어보기

- 수리의 오빠는 떡 주무르듯 어떤 일을 시키나요?
- 성희는 왜 아빠가 멋있다고 했나요?
- 지선이가 힘이 세지고 싶어 하는 이유는 무엇인가요?

의미 check　　비슷한 의미 표현 알아보기

- **비슷한 말:** 뜻대로 / 제멋대로

    예
    - **뜻대로:** 너의 뜻대로 다 이루어지길 바라고 있어
    - **제멋대로:** 우리 집 고양이는 제멋대로 집을 돌아다녀요

② 경험 나누기　　내 경험 이야기하기

1. 나도 떡 주무르듯 무언가를 마음대로 해 본 적이 있나요? (예 / 아니오)
2. 어떤 상황에서 그렇게 행동했었나요?
3. 내 마음대로 떡 주무르듯 하고 싶은 것이 있나요?
4. 왜 그렇게 생각했나요?

다시 체크

1. 다음 문장을 보고 알맞은 것에는 O, 틀린 것에는 X 하세요.

① 엄마는 매일 아침마다 떡 주무르듯 내 옷을 골라 주십니다. (　　)

② 나는 할아버지의 어깨를 떡 주무르듯 두드려 드렸어요. (　　)

③ 게임을 좋아하는 나는 어떤 게임이든 떡 주무르듯 할 수 있어요. (　　)

④ 엄마는 아빠의 용돈을 떡 주무르듯 해요. (　　)

⑤ 할머니가 절구를 이용해서 떡을 주무르십니다. (　　)

⑥ 학교에서 선생님들은 떡 주무르듯 학생들의 자리를 정해요. (　　)

2. 다음 보기에서 '떡 주무르듯 하다'와 비슷한 의미를 찾아 ○ 표시하세요.

> **보기** 누르다 / 만지다 / 마사지하다 / 제멋대로 / 두드리다

3. 다음을 보고 '떡 주무르듯 하다'와 뜻이 다른 문장을 고르세요. (　　)

① 부모님의 **원하는 대로** 학원에 다녀요.

② 내 친구는 **마음에 들지 않으면** 소리를 질러요.

③ 동생들과 함께 놀 때 나는 내가 좋아하는 인형 놀이를 **실컷 할 수** 있어요.

④ 송연이는 **제멋대로** 하려고 해서 친구들이 좋아하지 않아요.

⑤ 서진이는 친구들과 상의 없이 **마음대로** 축구공을 가지고 왔어요.

4. 다음 보기를 보고 공통으로 들어갈 말을 찾아 골라보세요. (　　)

> **보기** (　　) 마음대로 하는 언니가 미웠어요
> 숙제를 (　　) 빨리 끝내면 좋을 거 같아요

① 떡 먹듯　　② 떡 주무르듯　　③ 떡 움직이듯　　④ 떡이 되듯

활용 체크

그림 이야기
1. 선생님은 친구들에게 어떤 것을 제안했나요?
2. 여자친구들의 표정이 왜 좋지 않나요?
3. 친구들이 기분이 상하지 않게 놀 방법은 무엇일까요?
4. 여자친구들의 기분이 상하지 않게 하려면 선생님은 어떻게 했어야 했을까요?

경험 이야기
1. 친구들이 정한 놀이/일을 해야만 했던 적이 있나요?
2. 친구들과 놀 때 서로 생각이 다르면 어떻게 해야 할까요?
3. 자기주장만 하는 친구들은 어떻게 될까요?

목표 check
- 의미를 이해했나요?
- '떡 주무르듯 하다'와 관련된 상황을 설명해 줄 수 있나요?

Q&A check check / 답안

1. ① O ② X ③ O ④ O ⑤ X ⑥ O | 2. 제멋대로 | 3. 2번 | 4. 2번

03 (자다가) 떡이 생기다

생각 체크

1 이야기해 보세요   그림을 보고 그림에 대해서 이야기해 주세요.
- 친구가 할아버지께 인사를 했어요.
- 할아버지께서 사탕을 주셨어요.
- 친구의 기분이 좋아 보여요.

2 생각해 보세요   이 그림은 어떤 상황일까요?
- 친구는 왜 사탕을 받았을까요?
- 친구는 할아버지에게 인사 할 때 어떤 말을 했을까요?
- 친구가 할아버지께 인사했을 때 할아버지는 어떤 마음이셨을까요?
- ✔ 위 그림에서 '**떡이 생기는**' 장면에 동그라미 해보세요.

3 추측해 보세요   '(자다가) 떡이 생기다'의 의미는 무엇일까요?

 '(자다가) **떡이 생기다**'는 어른의 말대로 하면 실수도 없고, 여러 가지로 좋은 일이 생긴다는 말이에요.

내용 체크

오성
엄마 말씀대로 우산을 챙겼더니
비를 맞지 않게 되었어
자다가 **떡이 생긴** 기분이야

은주
어른 말을 잘 들으면 자다가
떡이 생긴다더니, 선생님이
말씀하신 대로 공부했더니
성적을 잘 받았어

보경
할아버지 말씀대로
일찍 일어났더니
엄마한테 칭찬을 들었어
자다가 **떡이 생긴** 것 같아

❶ 경험 나누기 — 친구들의 경험 들어보기

- 엄마 말씀을 듣고 비를 맞지 않게 된 오성이는 어떤 기분이 들었나요?
- 은주는 선생님 말씀을 잘 들어서 어떤 일이 생겼나요?
- 할아버지 말씀대로 일찍 일어난 보경이에게 어떤 일이 생겼나요?
  이 상황을 보경이는 뭐라고 표현했나요?

의미 check — 비슷한 의미 표현 알아보기

- **비슷한 말:** 이익·이득을 얻다

- **예** — **이익·이득을 얻다:** 어른들의 말씀은 나에게 이득이 되는 좋은 말씀이에요

❷ 경험 나누기 — 내 경험 이야기하기

1. 어른 말씀을 잘 들어 좋은 일이 생긴 경험이 있나요? (예 / 아니오)
2. 어떤 상황이었나요?
3. 어른 말씀을 잘 들어 좋은 일이 생겼을 때 어떤 기분이 들었나요?
4. 왜 그런 감정이 들었는지 이야기해 보세요.

 **다시 체크**

1. 다음 문장을 보고 알맞은 것에는 O, 틀린 것에는 X 하세요.
   ① 옆집 아주머니를 못 본 척했더니 아주머니께서 떡을 주셨어요. (   )
   ② 심부름을 했더니 엄마께서 맛있는 떡을 주셨어요. (   )
   ③ 할아버지께 안마를 해드렸더니 맛있는 떡을 주셨어요. (   )
   ④ 선생님께서 생일 선물로 맛있는 무지개 떡을 주셨어요. (   )
   ⑤ 할머니 말씀대로 부지런히 일어났더니 떡이 생겼어요. (   )
   ⑥ 엄마가 챙겨준 준비물을 안 챙겨갔더니 떡이 생겼어요. (   )

2. 다음 보기에서 '(어른 말을 잘 들으면) 떡이 생긴다'와 비슷한 의미를 찾아 ○ 표시하세요.

   보기 간절하다 / 쓸모없다 / 이득이 생기다 / 여유롭다 / 서운하다

3. 다음을 보고 '(어른 말을 잘 들으면) 떡이 생긴다'와 뜻이 다른 문장을 고르세요. (   )
   ① 엄마 말씀대로 버스 손잡이를 잘 잡고 있어서 **넘어지지 않았어요**.
   ② 엄마가 만들어주신 건강한 반찬을 먹었더니 **몸이 좋아졌어요**.
   ③ 민선이가 선물로 준 만화책을 밤새 열심히 봤더니 **시력이 안 좋아졌어요**.
   ④ 아빠와 함께 운동을 했더니 **몸이 건강해졌어요**.
   ⑤ 목욕탕에 가서 할머니의 등을 밀어드렸더니 **바나나우유를 사주셨어요**.

4. 다음 보기를 보고 공통으로 들어갈 말을 찾아 골라보세요. (   )

   보기 옛 어른들의 지혜를 잘 따르면 (   )
   할머니의 말씀을 잘 따르면 (   )

   ① 쌀이 생긴다　　② 떡이 생긴다　　③ 국이 생긴다　　④ 밥이 생긴다

활용 체크

그림 이야기
1. 엄마는 친구에게 무엇을 마시라고 하였나요?
2. 친구의 키가 어떻게 됐나요?
3. 엄마는 왜 우유를 마시라고 했을까요?
4. 친구와 엄마의 기분이 어떨 것 같나요?

경험 이야기
1. ○○이는 어른들의 말을 잘 듣는 편인가요?
2. 어른 말을 들으니 어떤 일이 생겼나요?
3. 평소에 어른들의 말씀을 귀담아들으면 어떻게 될까요?

목표 check
- 의미를 이해했나요?
- '(자다가) 떡이 생기다'와 관련된 상황을 설명해 줄 수 있나요?

check check / 답안

1. ① X ② O ③ O ④ X ⑤ O ⑥ X | **2.** 이득이 생기다 | **3.** 3번 | **4.** 2번

04 찰떡같다

생각 체크

1 이야기해 보세요   그림을 보고 그림에 대해서 이야기해 주세요.
- 친구가 문제를 내고 있어요.
- 여자친구 한 명이 손을 번쩍 들었어요.
- 다른 친구들은 답을 몰라요.

2 생각해 보세요   이 그림은 어떤 상황일까요?
- 문제를 내고 있는 친구는 무엇에 대해 설명하고 있나요?
- 누가 친구의 설명을 알아들었나요?
- 다른 친구들은 왜 못 알아들었을까요?
- ✓ 위 그림에서 **'찰떡같이'** 알아듣는 친구를 찾아 동그라미 해보세요.

3 추측해 보세요   '찰떡같다'의 의미는 무엇일까요?

 '찰떡같다'는 문제를 맞힌 친구처럼 대충 말해도 잘 알아듣는 친구에게 쓰는 말이에요. 그리고 찰떡이 끈끈해서 잘 붙는 것처럼, 늘 붙어 다니는 가까운 사이를 나타내는 말이에요.

내용 체크

수연
내 짝꿍 지수는 내가 하는 말을 **찰떡같이** 알아들어 대충 말해도 알아들으니 신기해

세호
항상 같이 다니는 내 쌍둥이 동생들은 **찰떡같은** 사이야

예준
나는 그동안 아빠 말을 **찰떡같이** 믿었는데, 거짓말이었어

❶ 경험 나누기   친구들의 경험 들어보기

- 누가 수연이의 말을 찰떡같이 알아듣나요?
- 세호 동생들은 사이가 어떤가요?
- 예준이는 아빠 말을 어떻게 믿었나요?

의미 check   비슷한 의미 표현 알아보기

- **비슷한 말**: 가까운 사이 / 정확하다 / 확실하다

  예
  - **가까운 사이**: 나와 언니는 떼려야 뗄 수 없는 가까운 사이다
  - **정확하다**: 엄마는 동생이 하는 말을 정확하게 알아들었다
  - **확실하다**: 삼촌은 친구의 말을 확실하게 믿었다

❷ 경험 나누기   내 경험 이야기하기

1. 나는 찰떡같은 사이의 친구가 있나요? (예 / 아니오)
2. 그 친구와는 어떻게 그런 사이가 되었나요? 그 친구를 생각하면 기분이 어떤가요?
3. 다른 사람들은 못 알아들은 말을 찰떡같이 알아들은 적이 있다면 그 말은 무엇이었나요?

 **다시 체크**

1. 다음 문장을 보고 알맞은 것에는 O, 틀린 것에는 X 하세요.

    ① 친구는 내 말을 찰떡같이 알아듣고 엉뚱한 것을 가져왔어요.   (   )
    ② 지수는 내 말을 찰떡같이 알아듣고 정답을 말했어요.   (   )
    ③ "쟤네 둘은 찰떡같은 사이여서 늘 따로 다녀요."   (   )
    ④ 지석이는 거짓말을 너무 잘해서 친구들이 지석이 말을 찰떡같이 믿어요. (   )
    ⑤ 지수와 수연이는 매일 붙어 다니는 찰떡같은 사이에요.   (   )
    ⑥ 선비는 잡아먹지 않겠다는 호랑이의 말을 찰떡같이 믿고 호랑이를 구해줬어요. (   )

2. 다음 보기에서 '찰떡같다'와 비슷한 의미를 찾아 ○ 표시하세요. (답 2개)

    > **보기** 사이가 안 좋다 / 가까운 사이다 / 정확하다 / 믿을 수 없다

3. 다음을 보고 '찰떡같다'와 뜻이 다른 문장을 고르세요. (   )

    ① 엄마는 동생 말을 항상 **정확하게** 알아들어요.
    ② 우리는 엄청 **친한 사이여서** 항상 같이 다녀요.
    ③ 아빠는 항상 약속을 지키셔서 우리는 아빠 말이라면 **찰떡같이 믿어요**.
    ④ 엄마는 아빠가 엄마 말을 잘못 알아듣고 **엉뚱한 소리를 한다며** 답답해하셨어요.
    ⑤ 지석이와 방학 때 수영장을 함께 다니면서 친해져서 개학 후에는 **늘 함께 다녀요**.

4. 다음 보기를 보고 공통으로 들어갈 말을 찾아 골라보세요. (   )

    > **보기** 친구는 내 말을 (   ) 알아들어요
    > 나는 친구의 말을 (   ) 믿었어요

    ① 꿀떡같이   ② 찰떡같이   ③ 밥같이   ④ 엉뚱하게

그림 이야기
1. 여자친구들은 어떻게 하고 있나요?
2. 남자친구는 여자친구들을 보면서 무슨 생각을 하나요?
3. 여자친구들은 어떤 사이일까요?
4. 왜 그렇게 생각하나요?

경험 이야기
1. 그림 속 여자친구들처럼 친해지고 싶은 친구가 있나요?
2. 그 친구와는 왜 친해지고 싶나요?
3. 찰떡같은 사이의 친구가 다른 친구와 가면 어떤 기분이 들까요?

목표 check
- 의미를 이해했나요?
- '찰떡같다'와 관련된 상황을 설명해 줄 수 있나요?

check check / 답안

1. ① X ② O ③ X ④ X ⑤ O ⑥ O | 2. 가까운 사이이다, 정확하게 | 3. 4번 | 4. 2번

PART 04
국

1	골탕을 먹이다	76
2	국물도 없다	80
3	국수를 먹다	84
4	미역국을 먹다	88
5	떡국을 먹다	92

01 골탕을 먹이다

 생각 체크

① 이야기해 보세요 그림을 보고 그림에 대해서 이야기해 주세요.
- 사자와 토끼가 밥을 먹고 있어요.
- 토끼 네에서 토끼만 밥(당근)을 먹고 있어요.
- 토끼 네에서 사자는 밥(당근)을 못 먹고 있어요.
- 사자 네에서 토끼는 밥(고기)을 못 먹고 있어요.
- 사자 네에서 사자만 밥(고기)을 먹고 있어요.

② 생각해 보세요 이 그림은 어떤 상황일까요?
- 사자와 토끼는 어떤 음식을 먹고 사나요?
- 토끼 네에서 사자는 왜 기분이 좋지 않았나요?
- 사자 네에서 토끼는 왜 고기를 못 먹고 있나요?
- ✔ 위 그림에서 '골탕을 먹이는' 친구를 찾아 동그라미를 해보세요.

③ 추측해 보세요 '골탕을 먹이다'의 의미는 무엇일까요?

 '골탕을 먹이다'는 풀을 좋아하는 토끼에게 고기를 주는 사자처럼 한꺼번에 크게 손해를 입거나 낭패 당하게 만든다는 말이에요.

내용 체크

연서
가만히 보면 아빠는 일부러 엄마를 골탕 먹이는 것을 좋아하는 것 같아

유준
강아지에게 간식을 줄까 말까 하면서 골탕 먹이니까 강아지가 화를 내며 짖었어

아현
만우절이어서 장난으로 친구를 골탕 먹이려다가 선생님께 혼났어

① 경험 나누기 — 친구들의 경험 들어보기

- 연서네 아빠는 무엇을 좋아하나요?
- 유준이는 누구에게 간식으로 골탕을 먹이나요?
- 아현이는 왜 선생님께 혼이 났나요?

의미 check — 비슷한 의미 표현 알아보기

- **비슷한 말:** 괴롭히다 / 건드리다

  예
  - **괴롭히다:** 언니랑 오빠는 나를 괴롭히는 걸 좋아하는 거 같아요
  - **건드리다:** 짝꿍이 계속 내 머리카락을 계속 건드려요

② 경험 나누기 — 내 경험 이야기하기

1. 골탕을 먹은 적이 있었나요? (예 / 아니오)
2. 그럴 때 어떻게 했었나요?
3. 내가 남을 골탕 먹인 적이 있나요? 있다면 어떻게 했었나요?
4. 다른 사람을 괴롭히는 것을 본다면 어떻게 할 건가요?

 다시 체크

1. 다음 문장을 보고 알맞은 것에는 O, 틀린 것에는 X 하세요.
   ① 신조는 엄마가 끓여 준 골탕을 먹었어요. (　　)
   ② 명오는 장난기가 많아 항상 다른 친구들을 골탕 먹였어요. (　　)
   ③ 주화는 자신을 괴롭히는 오빠를 골탕을 먹이려고 라면에 소금을 넣었어요. (　　)
   ④ 엄마가 아픈 강아지에게 따뜻한 골탕을 먹이려고 해요. (　　)
   ⑤ 할머니가 골탕을 먹이는 사람은 나쁜 사람이라고 했어요. (　　)
   ⑥ 너무 배가 고파서 언니가 주는 골탕을 맛있게 먹었어요. (　　)

2. 다음 보기에서 '골탕을 먹이다'와 비슷한 의미를 찾아 ○ 표시하세요.

   > **보기** 괴롭히다 / 좋아하다 / 잘하다 / 먹다 / 아끼다

3. 다음을 보고 '골탕을 먹이다'와 뜻이 다른 문장을 고르세요. (　　)
   ① 어린 시절 나는 동생을 많이 **괴롭혔어요**.
   ② 오빠는 강아지를 **건드리는** 재미로 살아요.
   ③ 동생이 나뭇가지로 개미들을 **찔러요**.
   ④ 언니는 항상 나에게 **잘해주었어요**.
   ⑤ 엄마의 잔소리로 나를 **볶았어요**.

4. 다음 보기를 보고 공통으로 들어갈 말을 찾아 골라보세요. (　　)

   > **보기** 오빠는 나를 (　　) 못된 오빠예요
   > 언니랑 오빠는 서로 (　　) 사이에요
   > 선생님은 우리를 숙제로 (　　) 거 같아요

   ① 설렁탕 먹이는　　② 골탕 먹이는　　③ 골탕 들리는　　④ 골탕 보이는

활용 체크

그림 이야기
1. 친구들이 선물 상자를 연 남자친구를 쳐다보면서 웃고 있는 이유는 무엇인가요?
2. 선물을 받은 친구는 어떤 마음으로 상자를 열었을까요?
3. 텅 빈 선물 상자를 본 친구는 기분이 어땠을까요?

경험 이야기
1. 선물은 언제 받을 수 있나요?
2. 내가 받았던 선물 중에 가장 기분이 좋았던 선물은 무엇인가요?
3. 마음에 들지 않은 선물을 받았을 때는 어떻게 해야 할까요?

목표 check
- 의미를 이해했나요?
- '골탕을 먹이다'와 관련된 상황을 설명해 줄 수 있나요?

Q&A check check / 답안

1. ① X ② O ③ O ④ X ⑤ O ⑥ X | 2. 괴롭히다 | 3. 4번 | 4. 2번

02 국물도 없다

생각 체크

1 이야기해 보세요   그림을 보고 그림에 대해서 이야기해 주세요.
- 밥을 먹으려고 식탁에 앉아있어요.
- 친구의 표정이 어두워요.
- 먹을 게 없어 보여요.

2 생각해 보세요   이 그림은 어떤 상황일까요?
- 국과 반찬의 모습이 어떠한가요?
- 친구의 표정이 왜 어두울까요?
- ✔ 위 그림에서 **'국물도 없다'**를 표현하는 부분을 모두 동그라미를 해보세요.

3 추측해 보세요   '국물도 없다'의 의미는 무엇일까요?

> **'국물도 없다'**는 먹을 게 없는 밥상처럼 아무것도 얻을 것이 없이 부족하다는 말이에요.

내용 체크

혜윤
받아쓰기 성적을 본 우리 엄마는 나에게 "**국물도 없어!**"라고 말씀하셨어

경덕
계속 장난을 치는 윤수에게 화가 나서 "**자꾸 그러면 국물도 없을 줄 알아!**"라고 말해주었어

현수
누나가 할머니의 화분을 실수로 깨뜨렸는데, 그 모습을 본 삼촌이 "**너 이제 국물도 없을 것 같다**" 하고 고개를 저었어

① 경험 나누기 — 친구들의 경험 들어보기

- 엄마가 혜윤이에게 한 말은 무엇인가요?
- 경덕이는 장난을 치는 윤수에게 뭐라고 말했나요?
- 현수의 삼촌은 누나에게 '왜 국물도 없을 것 같다'라고 이야기했나요?

의미 check — 비슷한 의미 표현 알아보기

- **비슷한 말:** 인정사정없다

예 - **인정사정없다:** 얼마나 단호하던지, 인정사정없더라니까!

  ＊**인정** : 사람이 본래 가지고 있는 따뜻한 마음
  ＊**사정** : 개인의 사사로운 정

② 경험 나누기 — 내 경험 이야기하기

1. '국물도 없다'라는 말과 같은 상황을 겪어본 적 있나요? (예 / 아니오)
2. 어떤 상황이었나요?
3. 그때 기분이 어떠했나요?
4. 내가 남에게 '국물도 없는 것처럼' 단호하게 대해본 적이 있나요?

다시 체크

1. 다음 문장을 보고 알맞은 것에는 O, 틀린 것에는 X 하세요.

① 이렇게 칭찬만 많이 해주시다니, 국물도 없네. (　　)
② 방학 동안 놀지 말고 공부만 하라니, 국물도 없군. (　　)
③ 용돈을 이것밖에 안 주시다니, 정말 국물도 없네. (　　)
④ 열심히 연습했는데 1등을 했다니, 정말 국물도 없다. (　　)
⑤ 이렇게 엄마 말을 잘 듣다니, 넌 국물도 없어! (　　)
⑥ 휴대폰 한 번만 더 잃어버려! 국물도 없을 줄 알아. (　　)

2. 다음 보기에서 '국물도 없다'와 비슷한 의미를 찾아 ○ 표시하세요. (답 2개)

> 보기 행복하다 / 인정사정없다 / 징그럽다 / 슬프다 / 단호하다

3. 다음을 보고 '국물도 없다'와 관련된 상황이 아닌 문장을 고르세요. (　　)

① 동생을 항상 엄하게 꾸짖는 언니의 모습이 너무 **냉정하다**.
② 열심히 노력했는데 꼴찌를 하다니, **인정사정없구나**.
③ 엄마가 끓여준 국의 **국물이 너무 부족하다**.
④ 1분만 늦어도 혼을 내시는 선생님은 정말 **단호하다**.
⑤ 내가 준비하기 전 이미 출발한 우리 가족은 **정도 없는** 듯하다.

4. 다음 보기를 보고 공통으로 들어갈 말을 찾아 골라보세요. (　　)

> 보기 내 진심 어린 사과에도 용서해 주지 않는 친구의 모습은 (　　)
> 제시간에 숙제를 내지 않았다고 빵점을 주시는 선생님의 모습은 (　　)
> 내가 살이 많이 쪘다며 새벽부터 일어나 운동을 하라는 엄마의 모습은 (　　)

① 밥도 없다　　② 반찬도 없다　　③ 국물도 없다　　④ 간식도 없다

그림 이야기
1. 친구는 왜 혼나고 있을까요?
2. 이럴 땐 어떻게 해야 할까요?
3. 엄마께서 '국물도 없어!'라고 하시는 말씀은 무슨 뜻일까요?
4. 방의 모습이 어떤가요? 내 방의 모습과 비교해 보세요.

경험 이야기
1. 행동을 잘못하여 크게 혼난 적이 있나요?
2. 어떤 상황이었나요?
3. 나는 어떤 상황에서 화가 나나요?

목표 check
- 의미를 이해했나요?
- '국물도 없다'와 관련된 상황을 설명해 줄 수 있나요?

Q&A check check / 답안

1. ① X ② O ③ O ④ X ⑤ X ⑥ O | 2. 인정사정없다, 단호하다 | 3. 3번 | 4. 3번

03 국수를 먹다

💡 생각 체크

① 이야기해 보세요   그림을 보고 그림에 대해서 이야기해 주세요.
- 결혼식장이에요.
- 신랑 신부가 있어요.
- 손님들이 국수를 먹고 있어요.

② 생각해 보세요   이 그림은 어떤 상황일까요?
- 신부랑 신부는 어떤 옷을 입나요?
- 결혼식에 가면 어떻게 해야 하나요?
- ✔ 위 그림에서 '**국수를 먹게**' 해 주는 사람을 찾아 동그라미를 해보세요.

③ 추측해 보세요   '국수를 먹다'의 의미는 무엇일까요?

> '**국수를 먹다**'는 결혼식에 참석해서 국수를 먹고 있는 사람처럼 결혼식에 초대받거나 결혼식을 올린다는 말이에요.

내용 체크

로이
이모가 나한테 "이모 결혼하니까 **국수 먹으러 와!**" 라고 이야기했어

태건
할머니가 삼촌에게 "언제 **국수를 먹여 줄 거냐**"라고 화내셨어

연서
언니가 **국수를 먹는 날**이라고 해서 신났는데 알고 보니 결혼식장에 가는 거였어

❶ 경험 나누기   친구들의 경험 들어보기

- 로이의 이모는 왜 국수를 먹으러 오라고 했나요?
- 태건이의 할머니는 삼촌에게 뭐라고 화내셨나요?
- 연서는 국수 먹는 날인 줄 알고 신났었는데 왜 실망했나요?

의미 check   비슷한 의미 표현 알아보기

- **비슷한 말**: 결혼하다 / 혼인하다

  예
  - **결혼하다**: 오늘이 아빠와 엄마가 결혼한 날이에요
  - **혼인하다**: 옛날에는 한복을 입고 혼인을 했다고 해요

❷ 경험 나누기   내 경험 이야기하기

1. 결혼식장에서 국수를 먹어본 적이 있나요? (예 / 아니오)
2. 결혼식에 참석하면 어떤 기분이 들까요?
3. 결혼식에서 신랑 신부를 본 내 기분을 색깔로 표현하면 무슨 색깔일까요? 이유는 무엇인가요?

 **다시 체크**

1. 다음 문장을 보고 알맞은 것에는 O, 틀린 것에는 X 하세요.
    ① 생일에는 케이크 보다 국수를 먹습니다. ( )
    ② 엄마는 언제 국수를 먹여 줄 거냐고 삼촌에게 잔소리를 자주 합니다. ( )
    ③ 삼촌이 국수를 먹게 해주신다고 해서 병원으로 갔습니다. ( )
    ④ 엄마와 국수를 먹은 아빠는 배가 고픕니다. ( )
    ⑤ 도은이는 화장실에서 국수를 먹습니다. ( )
    ⑥ 나연이는 국수를 조금 먹어서 배가 불렀습니다. ( )

2. 다음 보기에서 '국수를 먹다'와 비슷한 의미를 찾아 ○ 표시하세요.

    보기 떠나보내다 / 결혼하다 / 이혼하다 / 헤어지다 / 잃다

3. 다음을 보고 '국수를 먹다'와 뜻이 다른 문장을 고르세요. ( )
    ① 가장 친한 친구가 **결혼**했어요.
    ② 할아버지와 할머니는 옛날에 **혼례**를 치렀다고 했어요.
    ③ 부부끼리 사이가 좋지 않으면 **이혼**한다고 해요.
    ④ 고모는 고모부와 **혼인**신고했다고 했어요.
    ⑤ 이모가 드디어 **시집**을 갔어요.

4. 다음 보기를 보고 공통으로 들어갈 말을 찾아 골라보세요. ( )

    보기 오늘은 삼촌이 결혼해서 ( ) 갈 수 있었어요
    내일 엄마랑 같이 ( ) 결혼식장에 갈 거예요

    ① 국을 끓이러   ② 라면을 먹으러   ③ 국수를 버리러   ④ 국수를 먹으러

그림 이야기
1. 아빠는 친구들에게 뭐라고 했나요?
2. 친구들은 지금 어떤 생각을 하고 있나요?
3. 아빠가 하시는 말과 같은 생각을 하는 친구는 누구인가요?

경험 이야기
1. 결혼식에 가본적이 있나요?
2. 결혼식에 사람들이 많이 이유는 무엇일까요?
3. 결혼식장에 지켜야 할 규칙은 무엇일까요?

목표 check
- 의미를 이해했나요?
- '국수를 먹다'와 관련된 상황을 설명해 줄 수 있나요?

check check / 답안

1. ① X ② O ③ X ④ X ⑤ X ⑥ X | 2. 결혼하다 | 3. 3번 | 4. 4번

04 미역국을 먹다

생각 체크

① 이야기해 보세요   그림을 보고 그림에 대해서 이야기해 주세요.

- 엄마가 아기를 낳고 미역국을 먹어요.
- 남자친구 생일이에요.
- 생일날 엄마가 미역국을 끓여줬어요.

② 생각해 보세요   이 그림은 어떤 상황일까요?

- 생일날에 먹는 음식은 무엇인가요?
- 생일날에 미역국을 왜 먹는 것 같나요?
- ✔ 위 그림에서 '**미역국을 준비한 사람**'에게는 동그라미, '**미역국을 먹을 사람**'에게는 세모를 해보세요.

③ 추측해 보세요   '미역국을 먹다'의 의미는 무엇일까요?

> '**미역국**'은 생일날, 아기를 낳은 후에 먹는 음식이어서 생일날에 사람들이 '미역국은 먹었니?'라는 질문을 하는 거예요. 그리고 미역국에 들어가는 미역이 미끌미끌해서 '미역국을 먹다'는 시험에 쭉 미끄러지다는 의미로 '시험에 떨어지다'라는 말이에요.

내용 체크

찬현
나는 오늘 **미역국을** 먹으면 안 되는 날이야

재하
형은 오늘 중요한 시험에 떨어질까 봐 **미역국은** 안 먹는다고 했어

지아
언니는 운전면허 시험을 봤다가 **미역국을** 먹었어

❶ 경험 나누기 　 친구들의 경험 들어보기

- 찬현이는 오늘 무슨 날인 것 같나요?
- 재하네 형은 왜 미역국을 안 먹는다고 했나요?
- 지아네 언니는 운전면허 시험을 봤다가 어떻게 되었나요?

의미 check 　 비슷한 의미 표현 알아보기

- **비슷한 말:** 시험에 떨어지다

　예 - **시험에 떨어지다:** 형은 대학 시험에 떨어져서, 다시 시험을 보기 위해 학원에 등록했어요

❷ 경험 나누기 　 내 경험 이야기하기

1. 미역국을 먹어 본 적이 있나요? (예 / 아니오)
2. 언제 먹어봤나요?
3. 시험을 보거나 대회에 나갔다가 미역국을 먹은 적이 있나요?
4. 왜 시험에(대회에서) 떨어졌다고 생각하나요?

 **다시 체크**

1. 다음 문장을 보고 알맞은 것에는 O, 틀린 것에는 X 하세요.

① 설날에는 다 같이 미역국을 먹는대요. (   )

② 시험 보는 날에는 미역국을 먹으면 합격할 수 있어요. (   )

③ 아이를 낳은 후에는 미역국을 먹어요. (   )

④ 중요한 시험이 있는 날에는 미역국을 안 먹는 거래요. (   )

⑤ 선생님이 지수에게 "오늘 생일인데, 미역국은 먹었니?"라고 물어보셨어요. (   )

⑥ 동요대회에 나갔다가 미역국을 먹어서 기분이 좋았어요. (   )

2. 다음 보기에서 '미역국을 먹다'와 비슷한 의미를 찾아 ○ 표시하세요.

> **보기** 시험에 떨어지다 / 합격하다 / 성공하다 / 설날에 먹다

3. 다음을 보고 '미역국을 먹다'와 관련된 상황이 다른 문장을 고르세요. (   )

① 선비는 과거 시험에 **낙방했어요**.

② 이모는 **불합격** 소식에 속상해했어요.

③ 코딩 대회에 나갔는데 예선에서 **떨어졌어요**.

④ 삼촌은 시험에 **합격해서** 의사가 되었어요.

⑤ 형은 시험에 **낙제하는** 바람에 수업을 다시 들어야 했어요.

4. 다음 보기를 보고 공통으로 들어갈 말을 찾아 골라보세요. (   )

> **보기** 생일날이어서 (   )
> 아이를 낳고 (   )
> 시험을 봤다가 (   )

① 떡국을 먹었어요   ② 국수를 먹었어요   ③ 미역국을 먹었어요   ④ 된장국을 먹었어요

> 활용 체크

그림 이야기
1. 남자친구는 왜 엎드려 있나요?
2. 남자친구는 무슨 생각을 하고 있나요?
3. 남자친구는 '땡!' 소리를 들었을 때 기분이 어땠을까요?

경험 이야기
1. 대회나 발표를 할 때, 친구와 비슷한 경험을 해 본 적이 있나요?
2. 어떤 경험이었나요? 그때 기분이 어땠나요?
3. 저 친구에게 뭐라고 말해주고 싶나요? 어떻게 말해주면 좋을까요?

목표 check
- 의미를 이해했나요?
- '미역국을 먹다'와 관련된 상황을 설명해 줄 수 있나요?

Q&A check check / 답안

1. ① X ② X ③ O ④ O ⑤ O ⑥ X | 2. 시험에 떨어지다 | 3. 4번 | 4. 3번

05 떡국을 먹다

 생각 체크

① 이야기해 보세요   그림을 보고 그림에 대해서 이야기해 주세요.
- 뉴스에서 새해가 되었다고 말해요.
- 엄마가 떡국을 식탁에 올려놔요.
- 친구가 떡국을 먹으려고 가져와요.

② 생각해 보세요   이 그림은 어떤 상황일까요?
- 뉴스 아나운서는 뭐라고 말하고 있나요?
- 오늘은 몇 월 며칠일까요?
- 새해 첫날에는 무엇을 먹나요?
- ✔ 위 그림에서 '**떡국을 먹을**' 사람을 찾아 동그라미 해보세요.

③ 추측해 보세요   '떡국을 먹다'의 의미는 무엇일까요?

 '**떡국을 먹다**'는 설을 지내서 나이를 한 살 더 먹는다는 말이에요.

내용 체크

은혁

할머니는 떡국을 안 먹겠다는 동생의 말에 "그러면 은지만 **나이 한 살** 더 못 먹겠네."라고 하셨어

민하

새해 첫날, 설 명절에는 **떡국을 먹어**. 떡국을 먹으니까 진짜 새해가 된 느낌이야

서아

우리 아빠는 새해가 되어서 **떡국을 먹으면 나이도 한 살 더 먹는다**고 하셨어

① 경험 나누기 — 친구들의 경험 들어보기

- 은혁이의 할머니는 은지에게 떡국을 안 먹으면 어떻게 된다고 하셨나요?
- 민하는 새해 첫날에는 무엇을 먹나요?
- 서아의 아빠는 새해가 되어 떡국을 먹으면 무엇도 더 먹는다고 했나요?

의미 check — 비슷한 의미 표현 알아보기

- **비슷한 말:** 한 살 더 먹기

  예 - **한 살 더 먹기:** 엄마가 나이 한 살 더 먹으면 핸드폰을 사주신대요

② 경험 나누기 — 내 경험 이야기하기

1. 설날에 떡국을 먹어 본 적이 있나요? (예 / 아니오)
2. 떡국에는 뭐가 들어 있었나요?
3. 떡국 떡이 어떻게 생겼는지 그려 보세요.
4. 새해가 되면 뭐가 바뀌나요?

 **다시 체크**

1. 다음 문장을 보고 알맞은 것에는 O, 틀린 것에는 X 하세요.

   ① 이제 떡국 먹었으니 한 살 더 먹은 거야. ( )
   ② 새해 첫날 온 가족이 모여 떡국을 먹었어요. ( )
   ③ 떡국은 생일에 먹는 음식이에요. ( )
   ④ 떡국을 2그릇 먹으면 나이가 2살 많아져요. ( )
   ⑤ 추석에 온 가족이 모여 떡국을 먹었어요. ( )
   ⑥ 엄마는 떡국을 끓이려고 송편을 빚었어요. ( )

2. 다음 보기에서 '떡국을 먹다'와 비슷한 의미를 찾아 ○ 표시하세요.

   > **보기** 나이를 한 살 더 먹다 / 한 살 더 어려지다 / 나이를 두 살 더 먹다 / 생일이 되다

3. 다음을 보고 '떡국을 먹다'와 뜻이 다른 문장을 고르세요. ( )

   ① 새해가 되어서 **나이 한 살을 더 먹었어요**.
   ② 배가 고파서 **떡국을 먹었어요**.
   ③ 할머니가 **한 살 더 먹으려면**, 설날에 떡국을 먹어야 된다고 하셨어요.
   ④ 설에 **떡국을 먹어야 한 살**을 더 먹는데요.
   ⑤ 할아버지가 떡국을 먹다가 돌아다니는 동생을 보고 "**한 살 더 먹었으니**, 의젓하게 행동해야지."라고 말씀하셨어요.

4. 다음 보기를 보고 공통으로 들어갈 말을 찾아 골라보세요. ( )

   > **보기** 설날에는 가족들이 모여 ( )
   > 할머니가 썰어 놓으신 가래떡을 넣은 ( )
   > 우리 집은 설날에 만두를 빚어 함께 끓인 ( )

   ① 국수를 먹어요   ② 떡을 먹어요   ③ 떡국을 먹어요   ④ 누워서 떡 먹기

활용 체크

그림 이야기
1. 남자친구는 지금 무엇을 먹고 있나요?
2. 엄마는 떡국을 먹으면 어떻게 된다고 하셨나요?
3. 남자친구는 엄마 말을 듣고 무슨 생각을 했나요?
4. 남자친구 생각이 맞나요? 왜 그렇게 생각하나요?

경험 이야기
1. 위의 그림 속 엄마가 하는 말을 들어본 적이 있나요?
2. 만약에 떡국을 먹는 만큼 나이를 먹는다면 몇 그릇을 먹고 싶나요?

목표 check
- 의미를 이해했나요?
- '떡국을 먹다'와 관련된 상황을 설명해 줄 수 있나요?

Q&A check check / 답안

1. ① O ② O ③ X ④ X ⑤ X ⑥ X | 2. 나이를 한 살 더 먹다 | 3. 2번 | 4. 3번

PART 05
맛

1	단물을 다 빼먹다	98
2	맛을 들이다	102
3	입맛대로 하다	106
4	입맛을 다시다	110
5	뜨거운 맛을 보다	114

01 단물을 다 빼먹다

💡 생각 체크

1 이야기해 보세요   그림을 보고 그림에 대해서 이야기해 주세요.
- 탁자에 껌이 잔뜩 있어요.
- 껌을 계속 씹으면 단맛이 다 빠져서 맛이 없어요.
- 친구가 껌을 씹다가 뱉어요.
- 친구가 껌을 뱉고 다시 새로운 껌을 씹어요.

2 생각해 보세요   이 그림은 어떤 상황일까요?
- 친구는 무엇을 하고 있나요?
- 친구는 왜 껌을 많이 씹었을까요?
- ✓ 위 그림에서 '**단물을 다 빼먹고**' 뱉는 것을 찾아 동그라미 해보세요.

3 추측해 보세요   '단물을 다 빼먹다'의 의미는 무엇일까요?

> '**단물을 다 빼먹다**'는 껌의 단물만 다 빼먹고 맛이 없어지면 뱉는 것처럼, 좋은 것은 자기가 다 차지하고, 모른척하거나, 안 좋은 것만 남겨준다는 말이에요.

내용 체크

시연
친구들이 단물을 다 빼먹어서 좋은 물건이 남아있지 않아 속상했어

민호
거북이는 단물을 다 빼먹으려고 토끼를 다른 곳으로 오라고 했어

예범
신데렐라의 새엄마와 언니들은 단물을 다 빼 먹고 쓸모없는 것들만 신데렐라에게 갖다주었어

❶ 경험 나누기 — 친구들의 경험 들어보기

- 시연이는 좋은 물건이 왜 남아있지 않았다고 했나요?
- 거북이는 왜 토끼를 다른 곳으로 오라고 했나요?
- 새엄마와 언니들이 단물을 다 빼먹고 준 것은 어떤 것들인가요?

의미 check — 비슷한 의미 표현 알아보기

- **비슷한 말:** 등골(을) 빨아먹다

예 - **등골(을) 빨아먹다:** 욕심쟁이 왕이 백성들의 등골을 빨아, 왕은 부자가 되고 백성들은 점점 더 가난해졌다

❷ 경험 나누기 — 내 경험 이야기하기

1. 단물이 다 빠진 쓸모없는 것을 받은 적이 있나요? (예 / 아니오)
2. 누구에게 그런 일을 당했나요?
3. 그때 감정은 어땠나요? 그때의 감정을 표정으로 그려보세요.
4. 왜 그런 감정이 들었는지 이야기해 보세요.

다시 체크

1. 다음 문장을 보고 알맞은 것에는 O, 틀린 것에는 X 하세요.

① 지은이는 단물을 다 빼먹고 가장 좋은 것을 동생에게 주었어요. ( )
② 친구가 단물을 다 빼먹고, 배신했다는 걸 알고 참을 수가 없었어요. ( )
③ 단물을 다 빼먹었다는 건 좋은 것을 함께 나눈다는 거예요. ( )
④ 좋은 것은 다 차지하고 필요 없어지니 모른척하다니, 단물만 다 빼 먹은 네놈을 용서하지 않겠다. ( )
⑤ 단물을 다 빼 먹은 다음에 나에게 잘해주기 시작했어요. ( )
⑥ 단물을 다 빼 먹기 위해 나에게 엄청 잘해주었던 거예요. ( )

2. 다음 보기에서 '단물을 다 빼먹다'와 비슷한 의미를 찾아 ○ 표시하세요.

> **보기** 좋은 것을 나누다 / 좋은 것을 다 차지하다 / 공평하게 나누다 /
> 안 좋은 것을 다 차지하다

3. 다음을 보고 '단물을 다 빼먹다'와 뜻이 다른 문장을 고르세요. ( )

① 내게 돈을 빌리기 위해 온갖 친절을 베풀던 그 친구는 내가 **가난해졌다는 것을 알고는 나를 모른 척**했어요.
② 지석이는 내가 가난해졌다는 것을 알고 자신의 **용돈을 모아 나에게 가져다**주었어요.
③ 팥쥐는 아버지가 사 오신 **새 옷을 뺏어가고** 자신이 입던 옷을 콩쥐에게 주었어요.
④ 공주는 자신이 가지고 있는 보석 중 **가장 안 좋은 것**을 왕자에게 주었어요.
⑤ 형은 **맛있는 부분은 다 먹고** 식빵 테두리만 남겨 동생에게 주었어요.

4. 다음 보기를 보고 공통으로 들어갈 말을 찾아 골라보세요. ( )

> **보기** 놀부는 부모님이 돌아가시자 ( ) 흥부를 내쫓았어요
> ( ) 나를 모른 체하는 친구 때문에 너무 화가 났어요

① 단물을 다 빼 먹고   ② 곶감을 다 빼 먹고   ③ 단물만 다 남기   ④ 나눠서 먹고

활용 체크

그림 이야기
1. 형이 동생에게 무엇을 주나요?
2. 왜 동생에게 그 색종이를 주나요?
3. 형과 동생 중에 누가 더 욕심이 많은 것 같나요? 이유는 무엇일까요?
4. 내가 그림 속 동생이라면 형에게 뭐라고 말하고 싶나요?

경험 이야기
1. 위의 형과 같이 행동했던 적이 있나요?
2. 어떤 물건을 상대에게 주었나요?
3. 그 물건을 받은 상대는 어떻게 했나요?

목표 check
- 의미를 이해했나요?
- '단물을 다 빼먹다'와 관련된 상황을 설명해 줄 수 있나요?

check check / 답안

1. ① X ② O ③ X ④ O ⑤ X ⑥ O | 2. 좋은 것을 다 차지하다 | 3. 2번 | 4. 1번

02 맛을 들이다

생각 체크

1 이야기해 보세요 그림을 보고 그림에 대해서 이야기해 주세요.
- 친구들이 앉아있어요.
- 친구들이 초콜릿을 먹어요.
- 초콜릿 껍질들이 방에 버려져 있어요.
- 상자 안에도 초콜릿이 많이 있어요.

2 생각해 보세요 이 그림은 어떤 상황일까요?
- 친구들은 초콜릿을 많이 먹고 있는 이유는 무엇일까요?
- 초콜릿을 다 먹은 친구들은 무엇을 해야 할까요?
- 초콜릿을 많이 먹고 양치를 안 하면 어떻게 되나요?
- ✔ 위 그림에서 **'맛을 들인'** 사람을 찾아 동그라미 해보세요.

3 추측해 보세요 '맛을 들이다'의 의미는 무엇일까요?

 '맛을 들이다'는 초콜릿이 맛이 있어 계속 먹는 친구들처럼 좋아하거나 즐긴다는 말이에요.

내용 체크

기훈
나는 요즘 놀이터에 가는 것에 **맛을 들였어** 집에 들어가기 전에 꼭 놀다가 가

선우
누나가 아이스크림을 하루에 3개 넘게 먹는것을 보니 아이스크림에 **맛을 들인거 같아**

수정
나는 매일 30분씩 공부하는 것에 **맛을 들이려고 해**

❶ 경험 나누기 　친구들의 경험 들어보기

- 기훈이가 맛을 들인 것은 무엇인가요?
- 선우는 왜 누나가 아이스크림에 맛을 들였다고 생각하나요?
- 수정이가 무엇에 맛을 들이려고 하나요?

의미 check　비슷한 의미 표현 알아보기

- **비슷한 말:** 좋아하다 / 가까이하다

- **예**
  - **좋아하다:** 나는 가족끼리 외식하는 것을 좋아해요
  - **가까이하다:** 언제나 먹을 수 있도록 아이스크림을 가까이하고 있어요

❷ 경험 나누기　내 경험 이야기하기

1. 무언가에 맛을 들였던 경험이 있나요? (예 / 아니오)
2. 어떤 것에 맛을 들여봤나요?
3. 맛을 들인 이유는 무엇인가요?
4. 내 주변에서 신기한 것에 맛을 들인 사람이 있습니까?

 **다시 체크**

1. 다음 문장을 보고 알맞은 것에는 O, 틀린 것에는 X 하세요.

    ① 쓴 것에 맛을 들여 매일 사탕을 먹어요. ( )
    ② 친구를 만나는 것에 맛을 들여서 혼자 놀아요. ( )
    ③ 닭 키우는 것에 맛을 들이려고 치킨을 먹었습니다. ( )
    ④ 강아지는 큰 소리로 짖는 것에 맛을 들였는지 매일 짖어 댑니다. ( )
    ⑤ 동생은 아이스크림에 맛을 들여 매일 사러 갑니다. ( )
    ⑥ 고동이는 컴퓨터로 게임하는 데에 맛을 들여 아빠한테 혼이 났습니다. ( )

2. 다음 보기에서 '맛을 들이다'와 비슷한 의미를 찾아 ○ 표시하세요.

    보기 좋아하다 / 거부하다 / 싫어하다 / 멀리하다 / 행복하다

3. 다음을 보고 '맛을 들이다'와 뜻이 다른 문장을 고르세요. ( )

    ① 요즘 내가 **즐겨** 듣는 노래를 친구와 함께 들었어요.
    ② 아이스크림을 **가까이하다**가 배탈이 났어요.
    ③ 채이는 콜라를 **좋아해서** 매일 사 먹고 있어요.
    ④ 연화가 **애정** 하는 과자는 동그랗고 초코가 있는 과자에요.
    ⑤ 엄마는 차에서 과자 먹는 것을 **싫어**하세요.

4. 다음 보기를 보고 공통으로 들어갈 말을 찾아 골라보세요. ( )

    보기 언니는 곰돌이 젤리에 ( ) 매일 사려고 해요
    아빠는 운동에 ( ) 매일 아침 산책을 나가요
    요즘 만화책에 ( )서 도서관을 자주 가요

    ① 맛을 느껴　　② 맛을 들여　　③ 맛을 보며　　④ 맛을 맡아

그림 이야기
1. 친구는 무엇에 맛을 들였을까요?
2. 엄마는 왜 놀이터에 그만 가라고 할까요?
3. 친구는 얼마나 자주 놀이터에 갔나요?

경험 이야기
1. ○○이는 일주일에 놀이터를 몇 번 가나요?
2. 내가 좋아하는 놀이 기구는 무엇인가요? 좋아하는 이유는 무엇인가요?
3. 내가 좋아하는 음식이나 장소가 있나요? 왜 좋아하나요?

목표 check
- 의미를 이해했나요?
- '맛을 들이다'와 관련된 상황을 설명해 줄 수 있나요?

Q&A check check / 답안

1. ① X ② X ③ X ④ O ⑤ O ⑥ O | 2. 좋아하다 | 3. 5번 | 4. 2번

03 입맛대로 하다

생각 체크

1 이야기해 보세요   그림을 보고 그림에 대해서 이야기해 주세요.
- 친구가 밥을 먹고 있어요.
- 엄마가 반찬을 골고루 먹으라고 해요.
- 친구는 햄이 좋다고 해요.

2 생각해 보세요   이 그림은 어떤 상황일까요?
- 친구를 보고 있는 엄마의 표정이나 말투는 어떨까요?
- 친구는 어떤 음식을 좋아하나요?
- 친구는 반찬을 골고루 먹는 편인가요?
- ✔ 위 그림에서 '**입맛대로 하고 있는**' 사람을 찾아 동그라미 해보세요.

3 추측해 보세요   '입맛대로 하다'의 의미는 무엇일까요?

> '**입맛대로 하다**'는 좋아하는 햄만 먹는 친구처럼 자기가 좋은 대로만 마음대로 한다는 말이에요.

내용 체크

도진
동생은 기분에 따라
마음대로 행동해
자기 입맛 대로야!

지율
라울이는 울고 싶을 때 울고
자고 싶을 때 자는 게
자기 입맛대로 행동하는 것 같아

다율
지우는 어제는 나랑 친하다더니
오늘은 다른 친구랑 제일
친하다고 해 아무래도
제 입맛대로 행동하는 듯해

① 경험 나누기 친구들의 경험 들어보기

- 도진이는 동생이 마음대로 행동하는 모습을 보고 뭐라고 말했나요?
- 지율이는 라울이의 어떤 모습을 보고 입맛대로 행동한다고 하였나요?
- 다율이는 친구의 어떤 모습을 보고 입맛대로 행동한다고 하였나요?

의미 check 비슷한 의미 표현 알아보기

- **비슷한 말:** 마음대로

  예 - **마음대로:** 고집이 센 너는 네 마음대로만 해

② 경험 나누기 내 경험 이야기하기

1. 나는 내 입맛대로 행동한 경험이 있나요? (예 / 아니오)
2. 어떤 상황이었나요?
3. 제 입맛대로 행동하는 친구의 모습을 볼 때 어떤 기분이 들었나요?
4. 제 입맛대로만 행동하면 어떻게 될까요?

 **다시 체크**

1. 다음 문장을 보고 알맞은 것에는 O, 틀린 것에는 X 하세요.

   ① 엄마는 자기 입맛대로 보고 싶은 드라마만 봐요. ( )
   ② 아빠는 좋아하는 운동만 입맛대로 해요. ( )
   ③ 할머니께서는 건강을 위해 편식하지 않고 입맛대로 골고루 드세요. ( )
   ④ 나는 내가 좋아하는 만화책만 입맛대로 읽어요. ( )
   ⑤ 서아는 친구의 이야기를 경청하며 입맛대로 행동해요. ( )
   ⑥ 동생은 자기가 좋아하는 떡볶이가 입맛에 맞아 자주 먹어요. ( )

2. 다음 보기에서 '입맛대로 하다'와 비슷한 의미를 찾아 ○ 표시하세요.

   > **보기** 마음대로 하다 / 반영하다 / 호응하다 / 경청하다 / 맛있다

3. 다음을 보고 '입맛대로 하다'와 뜻이 다른 문장을 고르세요. ( )

   ① 누나는 **자기가 먹고 싶은** 과자만 사 와요.
   ② 친구는 **자기가 좋아하는** 과목의 수업만 열심히 들어요.
   ③ 할머니께서는 **좋아하시는** 예쁜 꽃무늬 옷만 입으세요.
   ④ 나는 내가 **좋아하는** 아이스크림만 먹어요.
   ⑤ 엄마의 반찬이 아빠의 **입에는 맞지 않는**데요.

4. 다음 보기를 보고 공통으로 들어갈 말을 찾아 골라보세요. ( )

   > **보기** 자기 ( ) 사람은 친구들이 좋아하지 않아요
   > ( ) 사람은 배려가 부족해요
   > ( ) 정욱이는 자기 마음대로만 해요

   ① 들리는 대로 하는   ② 입맛대로 하는   ③ 생각대로 하는   ④ 느낀대로 하는

활용 체크

그림 이야기
1. 그림은 지금 무슨 상황인가요?
2. 친구들은 운동장에서 무엇을 하려고 하나요?
3. 의자에 앉아있는 친구는 무엇을 하고 있나요?
4. 친구들은 계속 책만 보고 있는 친구를 보면 어떤 마음이 들까요?

경험 이야기
1. 친구들과 놀지 않고 혼자 다른 것을 했던 적이 있나요?
2. 어떤 상황이었나요?
3. 왜 그렇게 행동했나요?
4. 친구들이 어떤 반응을 보였나요?

목표 check
- 의미를 이해했나요?
- '**입맛대로 하다**'와 관련된 상황을 설명해 줄 수 있나요?

Q&A check check / 답안

1. ① O ② O ③ X ④ O ⑤ X ⑥ X | 2. 마음대로 하다 | 3. 5번 | 4. 2번

PART 05 | 맛

04 입맛을 다시다

💡 생각 체크

1 이야기해 보세요   그림을 보고 그림에 대해서 이야기해 주세요.
- 친구가 식탁에 앉아 있어요.
- 친구 혼자 앉아 있어요.
- 친구가 배고파서 침을 흘려요.

2 생각해 보세요   이 그림은 어떤 상황일까요?
- 밥 먹기 전에는 무엇을 해야 하나요?
- 친구는 왜 침을 흘리고 있을까요?
- ✔ 위 그림에서 '**입맛을 다시는**' 이유를 찾아 동그라미 해보세요.

3 추측해 보세요   '입맛을 다시다'의 의미는 무엇일까요?

> '**입맛을 다시다**'는 맛있는 음식이 많이 있는 식탁에 앉아 군침을 흘리는 친구처럼 무엇인가를 갖고 싶어 하는 것이나, 마음대로 되지 않아 귀찮아 하거나 난처해하는 말이에요.

내용 체크

태형
나는 고기를 먹고 싶었지만 배탈이 나서 **입맛만 다셨어**

다훈
노래방에서 노래를 부르고 싶었지만, 목이 아파서 **입맛을 다시기만 했어**

지혁
요리사인 삼촌은 누구나 자신의 음식을 먹고 싶어 **입맛을 다시길 바라고 있어**

1 경험 나누기 — 친구들의 경험 들어보기

- 태형이는 왜 고기를 먹지 못하고 입맛만 다셨나요?
- 다훈이가 노래방에서 노래를 부르지 못하고 입맛만 다신 이유는 무엇인가요?
- 요리사인 지혁이 삼촌은 다른 사람들이 어떻게 하길 원하나요?

의미 check — 비슷한 의미 표현 알아보기

- **비슷한 말:** 품다 / 원하다

  예
  - **품다:** 새로 산 핸드폰을 사고 싶은 마음을 품게 됐어요
  - **원하다:** 엄마한테 이번 주는 놀이동산에 가길 원한다고 말했어요

2 경험 나누기 — 내 경험 이야기하기

1. 음식을 먹지 못하고 입맛을 다셨던 적이 있나요? (예 / 아니오)
2. 왜 먹지 못했나요?
3. 그때 감정은 어땠나요?
4. 왜 그런 감정이 들었는지 이야기해 보세요.

 **다시 체크**

1. 다음 문장을 보고 알맞은 것에는 O, 틀린 것에는 X 하세요.
    ① 아침에 일어나면 배가 고파 밥을 볼 때마다 입맛을 다시게 됩니다.   (   )
    ② 언니는 학교에 가기 위해서 신발을 신으면서 입맛을 다셨습니다.   (   )
    ③ 지원이는 배가 아파서 입맛을 다셨습니다.   (   )
    ④ 새 핸드폰을 가지고 싶어서 매일 입맛만 다시고 있습니다.   (   )
    ⑤ 강아지가 간식을 보면서 침을 흘리며 입맛을 다십니다.   (   )
    ⑥ 시금치를 처음 먹고 무슨 맛인지 몰라서 계속 입맛을 다시게 되었습니다.   (   )

2. 다음 보기에서 '입맛을 다시다'와 비슷한 의미를 찾아 ○ 표시하세요.

    > **보기** 원하다 / 거부하다 / 쩝쩝대다 / 가지다 / 뿌리치다

3. 다음을 보고 '입맛을 다시다'와 뜻이 다른 문장을 고르세요. (   )
    ① 우진이는 항상 장난감을 가지고 놀기를 **원했어요**.
    ② 오빠는 게임기를 사겠다는 마음을 **품었어요**.
    ③ 나는 동생을 **가지고 싶다고** 엄마에게 말했어요.
    ④ 언니랑 싸워서 야식도 **뿌리치고** 밖으로 나갔어요.
    ⑤ 아빠는 내가 미술 대회에 나가서 1등 하길 **바란다고** 했어요.

4. 다음 보기를 보고 공통으로 들어갈 말을 찾아 골라보세요. (   )

    > **보기** 뷔페에 가면 항상 (   ) 음식들이 많아요
    > 장난감을 사러 가는 건 (   ) 일이에요
    > 엄마의 음식은 항상 (   )거 같아요

    ① 입맛을 다시게 하는   ② 입맛이 없게 하는   ③ 입을 다물게 하는   ④ 입술을 부딪히는

활용 체크

그림 이야기
1. 친구는 지금 무엇을 하고 있나요?
2. 왜 창문 가까이에 얼굴을 붙이고 있을까요?
3. 친구는 가게 안에 있는 물건 중 어떤 것을 가지고 싶은 걸까요? 왜 그렇게 생각하나요?

경험 이야기
1. 내가 지금 가지고 싶은 물건이 있나요?
2. 가지고 싶은 물건이 있을 때는 어떻게 하나요?
3. 가지고 싶은 물건을 다 살 수 없는 이유는 무엇일까요?

목표 check
- 의미를 이해했나요?
- '**입맛을 다시다**'와 관련된 상황을 설명해 줄 수 있나요?

Q&A check check / 답안

1. ① O ② X ③ X ④ O ⑤ O ⑥ X | 2. 원하다 | 3. 4번 | 4. 1번

05 뜨거운 맛을 보다

생각 체크

1 이야기해 보세요 그림을 보고 그림에 대해서 이야기해 주세요.
- 친구가 식탁에 앉아 있어요.
- 식탁 위에 뜨거운 고구마가 있어요.
- 친구가 깜짝 놀랐어요.
- 친구가 손을 데었어요.

2 생각해 보세요 이 그림은 어떤 상황일까요?
- 친구가 깜짝 놀란 이유는 무엇일까요?
- 뜨거운 고구마를 가져다줄 때는 친구에게 뭐라고 말해주면 좋을까요?
- ✓ 위 그림에서 '**뜨거운 맛을 본**' 신체 부위에 동그라미 해보세요.

3 추측해 보세요 '뜨거운 맛을 보다'의 의미는 무엇일까요?

 '**뜨거운 맛을 보다**'는 뜨거운 고구마를 잡아 뜨거워하는 친구처럼 어떠한 상황 때문에 어려움이나 고통을 겪는다는 말이에요.

내용 체크

재은
선크림을 안 바르고 밖에 나갔더니 살이 다 타버려 햇볕의 **뜨거운 맛을** 보았어

효정
그네에 서서 발을 굴리다가 미끄러져 그네의 **뜨거운 맛을** 보았어

유림
숙제를 제 시간에 내지 못하는 바람에 선생님께 혼나 **뜨거운 맛을** 보았어

❶ 경험 나누기   친구들의 경험 들어보기

- 햇볕의 뜨거운 맛을 본 재은이는 어떻게 되었나요?
- 그네를 타다 미끄러진 효정이는 뭐라고 말했나요?
- 유림이가 뜨거운 맛을 본 이유는 무엇인가요? 다음에는 어떻게 하면 좋을까요?

의미 check   비슷한 의미 표현 알아보기

- **비슷한 말:** 데다(데이다) / 손해 보다

  예
  - **데다**(데이다): 거짓말을 한 친구 때문에 크게 데었다
  - **손해 보다**: 사기꾼의 속임수에 빠져 큰 손해를 입게 되었다

❷ 경험 나누기   내 경험 이야기하기

1. 뜨거운 맛을 본 경험이 있나요? (예 / 아니오)
2. 어떤 상황이었나요?
3. 그때의 감정은 어땠나요?
4. 왜 그런 감정이 들었는지 이야기해 보세요.

 **다시 체크**

1. 다음 문장을 보고 알맞은 것에는 O, 틀린 것에는 X 하세요.
    ① 다연이는 시험공부를 하며, 수학 문제의 뜨거운 맛을 보았어요.   (   )
    ② 어젯밤 모기에 물려, 밤새 긁으며 모기의 뜨거운 맛을 보았어요.   (   )
    ③ 매운 떡볶이를 먹은 후, 밤새 배가 아파 뒹굴어 떡볶이의 뜨거운 맛을 보았어요. (   )
    ④ 가족들과 함께 맛있는 음식을 먹으며, 뜨거운 맛을 보았어요.   (   )
    ⑤ 슬러시를 먹으며 뜨거운 맛을 보았어요.   (   )
    ⑥ 미끄럼틀에서 놀다가 넘어져 다리를 다쳐, 놀이 기구의 뜨거운 맛을 보았어요. (   )

2. 다음 보기에서 '뜨거운 맛을 보다'와 비슷한 의미를 찾아 ○ 표시하세요. (답 2개)

    보기 손해 보다 / 데이다 / 맵다 / 산뜻하다 / 솔깃하다

3. 다음을 보고 '뜨거운 맛을 보다'와 뜻이 다른 문장을 고르세요. (   )
    ① 귀여워하던 길거리 **고양이에게 물려 피가 났어요.**
    ② 군것질을 많이 했더니 이가 상해 **치과에 가서 이를 뽑았어요.**
    ③ 식히지 않고 뜨거운 밥을 먹었더니 **혀가 데었어요.**
    ④ 친한 친구의 말만 믿고 따르다 **손해를 보았어요.**
    ⑤ 그림책을 읽으려 펼쳐보니 **재미있는 책이었어요.**

4. 다음 보기를 보고 공통으로 들어갈 말을 찾아 골라보세요. (   )

    보기 쉽게 생각했던 글쓰기 공모전에 떨어져 (   )
    좋아했던 친구에게 차여 (   )

    ① 상큼한 맛을 보았다 ② 뜨거운 맛을 보았다 ③ 단맛을 보았다 ④ 감칠맛을 보았다

활용 체크

그림 이야기
1. 무슨 상황인가요?
2. 강아지를 괴롭히면 어떤 일이 생길까요?
3. 친구는 다음부터 강아지를 보면 어떻게 할까요?

경험 이야기
1. 동물을 만지다 깜짝 놀란 경험이 있나요? (예 / 아니오)
2. 동물은 나에게 왜 화를 냈을까요?
3. 만약 동물에게 물리면 어떻게 해야 할까요?

목표 check
- 의미를 이해했나요?
- '뜨거운 맛을 보다'와 관련된 상황을 설명해 줄 수 있나요?

check check / 답안

1. ① O ② O ③ O ④ X ⑤ X ⑥ O | 2. 손해 보다, 데이다 | 3. 5번 | 4. 2번

PART 06
음식 재료 반찬

1	가자미눈을 뜨다	120
2	말짱 도루묵	124
3	얼굴이 홍당무가 되다	128
4	파김치가 되다	132
5	깨가 쏟아지다	136

01 가자미눈을 뜨다

생각 체크

1 이야기해 보세요   그림을 보고 그림에 대해서 이야기해 주세요.
- 교실 안에 두 친구가 있어요.
- 주황색 옷을 입은 친구가 1등이에요.
- 파란색 옷을 입은 친구는 1등 한 친구를 쳐다보고 있어요.
- 주황색 옷을 입은 친구가 파란색 옷을 입은 친구를 보며 물고기를 생각하고 있어요.

2 생각해 보세요   이 그림은 어떤 상황일까요?
- 주황색 옷을 입은 친구는 왜 깜짝 놀랐나요?
- 주황색 옷을 입은 친구의 기분은 어떨까요?
- 파란색 옷을 입은 친구는 왜 째려보고 있는 걸까요?
- ✔ 위 그림에서 '**가자미눈을 뜨고**' 있는 친구를 찾아 동그라미 해보세요.

3 추측해 보세요   '**가자미눈을 뜨다**'의 의미는 무엇일까요?

 '**가자미눈을 뜨다**'는 미운 사람을 보거나 화가 몹시 났을 때 눈을 한쪽으로 몰려서 흘겨 본다는 말이에요. 이 모습이 두 눈이 한쪽 얼굴에 몰려 있는 가자미와 닮아서 그렇게 말한대요.

내용 체크

준우
아빠가 술을 드시고
늦게 들어오셔서 엄마가
가자미눈을 뜨고 쳐다보셨어

시우
선생님은 수업 시간에
딴짓을 하는 우리를
가자미눈으로 쳐다보셨어

민채
동생은 나에게
'왜 내 장난감 치고가냐'고
소리를 지르며 **가자미눈을 떴어**

① 경험 나누기 — 친구들의 경험 들어보기

- 준우 엄마는 왜 아빠에게 가자미눈을 뜨셨을까요?
- 선생님은 수업 시간에 딴짓을 한 우리를 어떻게 쳐다보셨나요?
- 동생이 소리를 지르고 가자미눈을 뜬 이유는 무엇인가요?

의미 check — 비슷한 의미 표현 알아보기

- **비슷한 말:** 노려보다 / 째려보다 / 흘겨보다

예
- **노려보다:** 형은 나를 노려보며 소리를 질렀다
- **째려보다:** 나는 혼자서 과자를 먹고 있는 동생을 째려보았다
- **흘겨보다:** 아저씨는 위험하게 지나가는 자동차를 흘겨보며 욕을 하셨다

② 경험 나누기 — 내 경험 이야기하기

1. 나는 가자미눈을 뜨고 누군가를 쳐다봤던 적이 있나요? (예 / 아니오)
2. 그 사람은 누구였나요?
3. 왜 그런 눈으로 쳐다봤나요?
4. 누군가 나를 그런 눈으로 쳐다봤던 적이 있다면 언제였는지 이야기해 주세요.
5. 가자미눈을 한 얼굴을 그려주세요.

다시 체크

1. 다음 문장을 보고 알맞은 것에는 O, 틀린 것에는 X 하세요.

① 엄마가 기분이 좋아서 가자미눈을 떠요. ( )

② 가자미눈을 뜨고 쳐다보는 걸 보니 날 좋아 하나 봐요. ( )

③ 할아버지는 유리창을 깬 우리를 가자미눈으로 쳐다봐요. ( )

④ 가자미눈으로 쳐다보는 걸 보니 아무래도 내가 뭔가를 잘못했나 봐요. ( )

⑤ 누나가 가자미눈으로 나를 보면서 자기 아이스크림 먹었냐고 물었어요. ( )

⑥ 아빠는 가자미눈으로 엄마를 보면서 "사랑해."라고 말했어요. ( )

2. 다음 보기에서 '가자미눈을 뜨다'와 비슷한 의미를 찾아 ○ 표시하세요.

> **보기** 사랑스럽게 쳐다보다 / 째려보다 / 쳐다보다 / 슬픈 눈으로 쳐다보다

3. 다음을 보고 '가자미눈을 뜨다'와 뜻이 다른 문장을 고르세요. ( )

① 엄마는 **옆으로 흘겨보는** 동생을 혼내셨어요.

② 지윤이는 쏟아진 주스를 보고 나를 **째려봤어요**.

③ 엄마 품에 안겨서 우는 동생을 **노려보았어요**.

④ 아빠는 아빠 차 앞으로 끼어드는 트럭을 **흘겨봤어요**.

⑤ 강아지가 **슬픈 눈**으로 쳐다봐서 두고 갈 수가 없었어요.

4. 다음 보기를 보고 공통으로 들어갈 말을 찾아 골라보세요. ( )

> **보기** 왕비는 거울이 자신보다 백설공주가 더 예쁘다고 말하자 ( ) 쳐다봤어요
> 엄마가 ( ) 쳐다보니 긴장이 됐어요

① 눈에 힘을 주고   ② 가자미눈을 뜨고   ③ 눈을 동그랗게 뜨고   ④ 눈을 감았다 뜨고

| 활용 체크 |

그림 이야기
1. 주황 옷을 입은 친구는 누구를 쳐다보나요?
2. 주황 옷을 입은 친구는 왜 지나가는 친구를 가자미눈으로 쳐다보나요?
3. 지나가다가 친구와 부딪치면 어떻게 해야 할까요?

경험 이야기
1. 위의 그림과 같은 상황을 경험한 적이 있나요?
2. 그때 기분이 어땠나요? 그래서 어떻게 했나요?
3. 상대가 어떻게 했다면 기분이 나쁘지 않았을까요?

목표 check
- 의미를 이해했나요?
- '가자미눈을 뜨다'와 관련된 상황을 설명해 줄 수 있나요?

Q&A check check / 답안

1. ① X ② X ③ O ④ O ⑤ O ⑥ X | 2. 째려보다 | 3. 5번 | 4. 2번

PART 06 | 음식재료 / 반찬

02 말짱 도루묵

💡 생각 체크

1 이야기해 보세요 그림을 보고 그림에 대해서 이야기해 주세요.
- 친구가 풍선을 들고 있어요.
- 토끼 모양 풍선이에요.
- 동생을 줄 생각에 기분이 좋아요.
- 집에 도착했어요.
- 풍선 바람이 다 빠졌어요.

2 생각해 보세요 이 그림은 어떤 상황일까요?
- 친구의 표정이 어떻게 달라졌나요?
- 집에 도착한 친구의 기분이 좋지 않은 이유는 무엇일까요?
- 바람이 빠진 풍선을 동생에게 줄 수 있을까요?
- ✔ 위 그림에서 **'말짱 도루묵'** 표현을 나타내는 부분에 동그라미 해보세요.

3 추측해 보세요 '말짱 도루묵'의 의미는 무엇일까요?

 '말짱 도루묵'은 동생 주려고 들고 온 풍선이 바람이 빠져 줄 수 없는 것처럼 내가 열심히 한 일이 아무런 소용이 없게 된 것을 말해요. 즉, 헛된 일이나 헛수고를 한 상황을 나타내는 말이에요.

내용 체크

정아
글짓기 대회에 나가기 위해 열심히 준비했는데 대회가 취소되어 **말짱 도루묵이 되었어**

다겸
친구와 약속을 잡았는데 친구가 까먹고 약속 장소에 나오지 않아 **말짱 도루묵이 되었어**

유하
쉬는 날에 일찍 일어난 나를 보신 우리 엄마는 "**말짱 도루묵 됐네**"라고 이야기하셨어

1 경험 나누기 — 친구들의 경험 들어보기

- 정아는 왜 말짱 도루묵이 되었다고 했나요?
- 다겸이는 왜 말짱 도루묵이 되었다고 했나요?
- 일찍 일어난 유하의 모습을 본 엄마는 유하에게 어떻게 말씀하셨나요?

의미 check — 비슷한 의미 표현 알아보기

- **비슷한 말:** 헛수고하다 / 허탕 치다

  예
  - **헛수고하다:** 엄마 선물로 신발을 사드렸는데, 사이즈가 맞지 않아 다시 바꿔오는 헛수고를 했다
  - **허탕 치다:** 열심히 덧셈 공부를 했는데, 다음 날 뺄셈만 잔뜩 나와 허탕 치게 되었다

2 경험 나누기 — 내 경험 이야기하기

1. 나는 말짱 도루묵이 되었던 경험이 있나요? (예 / 아니오)
2. 어떤 상황이었나요?
3. 만약 그때 말짱 도루묵이 되지 않았다면 무슨 일이 생겼을까요?
4. 말짱 도루묵이 되지 않게 하려면 어떻게 하는 것이 좋을까요?

다시 체크

1. 다음 문장을 보고 알맞은 것에는 O, 틀린 것에는 X 하세요.

① 시험범위가 아닌 곳에서 문제가 나와 말짱 도루묵이 되었다. (　　)
② 냉장고에 넣어둔 음식이 다 상해 먹지 못하게 되어 말짱 도루묵이 되었다. (　　)
③ 살이 쪄 새로 산 옷을 못 입게 되어 말짱 도루묵이 되었다. (　　)
④ 열심히 노래 연습을 한 덕에 축제에 나가 1등을 해 말짱 도루묵이 되었다. (　　)
⑤ 친구 생일에 케이크를 사 갔는데 맛있게 먹어버려 말짱 도루묵이 되었다. (　　)
⑥ 집에 돌아오니 할머니께서 반찬으로 말짱 도루묵을 해놓으셨다. (　　)

2. 다음 보기에서 '말짱 도루묵'과 비슷한 의미를 찾아 ○ 표시하세요. (답 2개)

> **보기** 소용없게 되다 / 노력하다 / 노련하다 / 침착하다 / 허탕치다

3. 다음을 보고 '말짱 도루묵'과 뜻이 다른 문장을 고르세요. (　　)

① 서로 약속 장소를 오해하여 다른 곳에서 기다리는 바람에 **헛수고**했어요.
② 한 시간 동안 낚시를 했는데 한 마리도 잡지 않아 **허탕** 쳤어요.
③ 나는 엄마에게 저녁 반찬으로 **맛있는 도루묵**을 만들어달라고 했어요.
④ 열심히 필기한 공책을 잃어버려 **소용없게** 되었어요.
⑤ 깜빡하고 시험 날 늦잠을 자 공부를 한 게 **쓸모없게** 되었어요.

4. 다음 보기를 보고 공통으로 들어갈 말을 찾아 골라보세요. (　　)

> **보기** 친구와 싸우는 바람에 친했던 우리 사이는 (　　)이 되었어요
> 내가 열심히 만든 모래성이 파도가 치는 바람에 (　　)이 되었어요

① 말짱 메밀묵　② 말짱 도루묵　③ 말짱 도토리묵　④ 말짱하다

| 활용 체크 |

그림 이야기
1. 왼쪽 그림을 보세요. 친구는 무엇을 했나요?
2. 오른쪽 그림을 보세요. 친구의 기분이 어떨까요?
3. 친구가 한숨을 쉬는 이유는 무엇일까요?

경험 이야기
1. 위 그림과 같이 열심히 정리했는데 다시 어지럽혀진 경험이 있나요?
2. 그때의 기분은 어떠했나요?
3. 치웠는데도 다시 어지럽혀져 있을 땐 어떻게 해야 할까요?

목표 check
- 의미를 이해했나요?
- '말짱 도루묵'과 관련된 상황을 설명해 줄 수 있나요?

Q&A check check / 답안

1. ① O ② O ③ O ④ X ⑤ X ⑥ X │ 2. 소용없게 되다, 허탕치다 │ 3. 3번 │ 4. 2번

03 얼굴이 홍당무가 되다

 생각 체크

1 이야기해 보세요   그림을 보고 그림에 대해서 이야기해 주세요.

- 놀이터에 놀러 왔어요.
- 신발을 짝짝이로 신었어요.
- 친구가 놀려요.
- 얼굴이 주황색이 됐어요.

2 생각해 보세요   이 그림은 어떤 상황일까요?

- 친구는 왜 얼굴이 주황색이 되었나요?
- 주황색 얼굴은 어떤 채소와 닮았나요?
- 이미 밖에 나왔는데 신발을 짝짝이로 신고 나왔다면 어떻게 해야 할까요?
- ✔ 위 그림에서 '**홍당무가 된**' 친구에게 동그라미 해보세요.

3 추측해 보세요   '얼굴이 홍당무가 되다'의 의미는 무엇일까요?

 '얼굴이 홍당무가 되다'는 짝짝이 신발을 신어서 부끄러워 얼굴이 붉어진 친구처럼 부끄럽거나 창피하여 얼굴이 붉어진다는 말이에요.

내용 체크

하루
양말에 구멍이 난 걸 수영이가 알려줬어. 나는 너무 부끄러워서 얼굴이 **홍당무처럼 붉어졌어**

선주
선주는 친구들 앞에서 방귀를 뀌어서 얼굴이 **홍당무처럼 붉어졌어**

보람
우리 언니는 부끄러우면 얼굴이 **홍당무처럼 빨개져**

① 경험 나누기 — 친구들의 경험 들어보기

- 하루는 무엇이 부끄러워 홍당무가 됐나요?
- 선주는 왜 얼굴이 홍당무처럼 붉어졌나요?
- 보람이 언니는 부끄러우면 얼굴이 어떻게 되나요?

의미 check — 비슷한 의미 표현 알아보기

- **비슷한 말:** 창피하다 / 귀밑이 빨개지다 / 수치스럽다

예
- **창피하다:** 엄마한테 거짓말을 한 것이 들켜서 창피했어요
- **귀밑이 빨개지다:** 급하게 뛰어가다가 넘어져 귀밑이 빨개졌어요
- **수치스럽다:** 사람들이 많은 곳에서 방귀를 뀌어서 수치스러웠어요

② 경험 나누기 — 내 경험 이야기하기

1. 얼굴이 홍당무처럼 빨개진 적이 있나요? (예 / 아니오)
2. 그 상황은 어떤 상황이었나요?
3. 그때 감정은 어땠나요?
4. 왜 그런 감정이 들었는지 이야기해 보세요.

다시 체크

1. 다음 문장을 보고 알맞은 것에는 O, 틀린 것에는 X 하세요.

① 핸드폰을 보다가 넘어진 게 부끄러워 얼굴이 홍당무가 되었습니다. (　　)
② 구멍 난 바지를 친구들이 놀려 정서의 얼굴이 홍당무가 되었습니다. (　　)
③ 운동장을 천천히 걸어가서 얼굴이 홍당무처럼 붉어졌습니다. (　　)
④ 오빠는 아픈 내 얼굴이 홍당무 같이 길쭉하다고 웃었어요. (　　)
⑤ 원우는 자다가 소리를 지른 것이 창피해서 홍당무가 되었습니다. (　　)
⑥ 화가 나서 숨을 꼭 참으니 홍당무처럼 보였습니다. (　　)

2. 다음 보기에서 '얼굴이 홍당무가 되다'와 비슷한 의미를 찾아 ○ 표시하세요.

> **보기** 민망하다 / 얼굴이 창백해지다 / 질리다 / 부럽다 / 아프다

3. 다음을 보고 '얼굴이 홍당무가 되다'와 뜻이 다른 문장을 고르세요. (　　)

① 노래를 부르다가 마이크를 떨어뜨려 **부끄러웠어요**.
② 엘리베이터를 타다가 넘어져서 아침부터 **민망했어요**.
③ 방에서 혼자 춤을 추다가 엄마한테 들켜 **귀밑이 빨개졌어요**.
④ 오빠는 내가 **창피하다며** 피해 다녀요.
⑤ 친구가 나를 보더니 **얼굴이 창백해졌어요**.

4. 다음 보기를 보고 공통으로 들어갈 말을 찾아 골라보세요. (　　)

> **보기** 오늘 아침에 학교 계단에서 넘어져서 (　　)
> 도서관에서 큰소리로 트림해서 (　　)
> 발표를 하는 것이 너무 쑥쓰러워서 (　　)

① 얼굴이 김치가 됐어요　② 얼굴이 단무지가 됐어요　③ 얼굴이 홍당무가 됐어요　④ 얼굴이 달이 됐어요

그림 이야기	1. 친구의 얼굴이 왜 빨개졌을까요?
	2. 다른 친구들은 왜 깜짝 놀랐나요?
	3. 방귀를 뀐 친구의 마음은 어떨까요?

경험 이야기	1. 사람들이 많은 곳에서 방귀가 나올 것 같다면 어떻게 하나요?
	2. 나는 부끄러울 때 어떻게 하나요?
	3. 부끄러워서 고개를 숙이는 친구에게 어떤 말을 해 줄 수 있을까요?

목표 check
- 의미를 이해했나요?
- **'얼굴이 홍당무가 되다'**와 관련된 상황을 설명해 줄 수 있나요?

Q&A check check / 답안

1. ① O ② O ③ X ④ X ⑤ O ⑥ X | 2. 민망하다 | 3. 5번 | 4. 3번

04 파김치가 되다

💡 생각 체크

1 이야기해 보세요 그림을 보고 그림에 대해서 이야기해 주세요.
- 친구가 계단을 오르고 있어요.
- 엘리베이터가 고장 난 것 같아요.
- 친구의 집은 10층이에요.
- 친구가 땀을 흘리며 힘들어하고 있어요.

2 생각해 보세요 이 그림은 어떤 상황일까요?
- 친구는 왜 계단을 올라가고 있을까요?
- 왜 땀을 뻘뻘 흘리고 있을까요?
- 친구는 집에 도착하면 어떻게 될까요?
- ✔ 위 그림에서 '**파김치가 된**' 친구에게 동그라미 해보세요.

3 추측해 보세요 '**파김치가 되다**'의 의미는 무엇일까요?

> '**파김치가 되다**'는 10층까지 계단으로 올라가 힘들어하는 친구처럼 몹시 지쳐서 기운이 없어진다는 말이에요.

내용 체크

승정
하루 종일 자리에 앉아
공부했더니 **파김치가 됐어**

수영
더운 여름, 놀이터에서
하루 종일 뛰어놀고 나니
파김치가 된 것 같아

은찬
아침 일찍부터
일어나 운동을 했더니
벌써 **파김치가 됐어**

① 경험 나누기   친구들의 경험 들어보기

- 승정이는 하루 종일 무엇을 하다가 파김치가 되었나요?
- 수영이가 파김치가 된 이유는 무엇인가요?
- 은찬이는 언제 일어나서 운동을 했나요? 운동을 하고 난 뒤 어떻게 되었을까요?

의미 check   비슷한 의미 표현 알아보기

- **비슷한 말:** 피곤하다 / 진이 빠지다

  예
  - **피곤하다:** 하루 종일 열심히 일을 했더니 피곤하다
  - **진이 빠지다:** 먼 거리를 걸었더니 진이 빠진다

② 경험 나누기   내 경험 이야기하기

1. 나는 파김치가 된 적이 있나요? (예 / 아니오)
2. 어떤 상황에서 그랬었나요?
3. 그때 감정은 어땠나요? 색깔이나 그림으로 표현해 보세요.
4. 파김치가 된 것처럼 기운이 빠졌을 때는 어떻게 하면 좋을까요?

다시 체크

1. 다음 문장을 보고 알맞은 것에는 O, 틀린 것에는 X 하세요.

① 하루 종일 쉬었더니 너무 피곤해 파김치가 되었어요. (   )

② 열심히 태권도 연습을 했더니 파김치가 되었어요. (   )

③ 하루 종일 스케이트를 탔더니 몸이 파김치가 되었어요. (   )

④ 누워서 티비만 봤더니 너무 피곤해 파김치가 되었어요. (   )

⑤ 부모님을 도와 이삿짐을 옮겼더니 몸이 파김치가 되었어요. (   )

⑥ 시원하게 에어컨 바람을 쐬며 누워있었더니 몸이 파김치가 되었어요. (   )

2. 다음 보기에서 '파김치가 되다'와 비슷한 의미를 찾아 ○ 표시하세요. (답 2개)

> **보기** 피곤하다 / 진이 빠지다 / 힘이 넘치다 / 시끄럽다 / 개운하다

3. 다음을 보고 '파김치가 되다'와 뜻이 다른 문장을 고르세요. (   )

① 나이를 먹어서 그런지 몸이 자주 아파요.

② 너무 바쁜 하루를 보냈더니 몸이 피로해요.

③ 운동을 세 시간 넘게 했더니 진이 빠져요.

④ 시험 전 날 밤새워서 공부했더니 너무 피곤해요.

⑤ 더운 날 학교 끝나고 집까지 걸어왔더니 진이 빠져요.

4. 다음 보기를 보고 공통으로 들어갈 말을 찾아 골라보세요. (   )

> **보기** 자전거를 오래 탔더니 (   )
> 친구들과 술래잡기를 신나게 하고 왔더니 (   )

① 파김치가 됐다   ② 배추김치가 됐다   ③ 총각김치가 됐다   ④ 깍두기가 됐다

활용 체크

그림 이야기
1. 친구는 하루 종일 무엇을 했나요?
2. 친구는 자면서 무슨 생각을 하고 있나요?
3. 친구의 자는 모습은 어떤가요?

경험 이야기
1. 하루 종일 놀고 난 후 피곤했던 경험이 있나요?
2. 무엇을 하고 놀았나요?
3. 피곤할 땐 어떻게 해야 할까요?

목표 check
- 의미를 이해했나요?
- '파김치가 되다'와 관련된 상황을 설명해 줄 수 있나요?

Q&A check check / 답안

1. ① X ② O ③ O ④ X ⑤ O ⑥ X | 2. 피곤하다, 진이 빠지다 | 3. 1번 | 4. 1번

05 깨가 쏟아지다

💡 생각 체크

1 이야기해 보세요 그림을 보고 그림에 대해서 이야기해 주세요.
- 주변이 핑크빛이에요.
- 눈이 하트에요.
- 얼굴 하트와 손 하트를 하고 있어요.
- 하늘에서 깨가 쏟아져요.

2 생각해 보세요 이 그림은 어떤 상황일까요?
- 두 친구들이 좋아한다는 것을 어떻게 알 수 있을까요?
- 왜 하트를 만드는 걸까요?
- ✔ 위 그림에서 '**깨가 쏟아지는**' 사람들을 찾아 동그라미 해보세요.

3 추측해 보세요 '깨가 쏟아지다'의 의미는 무엇일까요?

> '깨가 쏟아지다'는 알콩달콩한 커플처럼 둘 이상의 사람이 오붓하거나 몹시 아기자기하여 재미가 난다는 말이에요.

내용 체크

강욱
우리 부모님은 항상 **깨가 쏟아져서** 밥 먹을 때 서로 먼저 먹어보라고 하셔

연희
신혼부부인 삼촌과 숙모는 볼 때마다 **깨가 쏟아지는** 것 같아 행복해 보여

미리
언니와 나는 어릴 때는 정말 많이 싸웠었는데 지금은 **깨가 쏟아지는** 사이가 됐어

① 경험 나누기 — 친구들의 경험 들어보기

- 강욱이는 부모님의 깨가 쏟아지는 모습을 언제 보았나요?
- 연희는 삼촌과 숙모의 모습이 어떻다고 표현했나요?
- 미리와 깨가 쏟아질 듯 사이가 좋은 사람은 누구인가요?

의미 check — 비슷한 의미 표현 알아보기

- **비슷한 말:** 알콩달콩 / 사이가 좋다

  예
  - **알콩달콩:** 강아지와 나는 알콩달콩 잘 지냅니다
  - **사이가 좋다:** 아영이와 우진이는 소꿉친구로 사이가 좋습니다

② 경험 나누기 — 내 경험 이야기하기

1. 깨가 쏟아지는 상황을 본 적 있나요? (예 / 아니오)
2. 깨가 쏟아지는 모습을 보았을 때 어떤 생각이 들었나요?
3. 나는 누구와 사이가 좋나요?

다시 체크

1. 다음 문장을 보고 알맞은 것에는 O, 틀린 것에는 X 하세요.

    ① 엄마가 넘어지면서 바구니에 있던 깨가 쏟아졌습니다.   (   )
    ② 우리 반 친구들은 깨가 쏟아질 정도로 서로 사이가 좋습니다.   (   )
    ③ 요리하던 아빠가 실수로 깨를 쏟았습니다.   (   )
    ④ 언니가 장난을 치다가 식탁을 치면서 깨가 쏟아졌습니다.   (   )
    ⑤ 아빠가 엄마에게 꽃을 사다 주시는 걸 보니 두 분 사이에 깨가 쏟아집니다.   (   )
    ⑥ 음식점에서 깨가 쏟아질 정도로 깨를 많이 시켰습니다.   (   )

2. 다음 보기에서 '깨가 쏟아지다'와 비슷한 의미를 찾아 ○ 표시하세요.

    > **보기** 미워하다 / 알콩달콩 하다 / 사이가 틀어지다 / 사이가 나쁘다 / 원망하다

3. 다음을 보고 '깨가 쏟아지다'와 뜻이 다른 문장을 고르세요. (   )

    ① 가족끼리 **오붓하게** 외식하고 왔어요.
    ② 엄마랑 아빠는 아직도 **알콩달콩** 해요.
    ③ 우리 자매는 **정답다**고 소문이 났어요.
    ④ 형과 나는 **사이가 좋아서** 잘 안싸워요.
    ⑤ 아픈 나를 두고 여행을 간 가족들이 **원망스러웠어요**.

4. 다음 보기를 보고 공통으로 들어갈 말을 찾아 골라보세요. (   )

    > **보기** 여행을 가면 우리가족은 (   )
    > 이제 결혼한 이모는 이모부랑 (   )

    ① 소금을 뿌려요   ② 깨를 뿌려요   ③ 깨가 쏟아져요   ④ 비가 쏟아져요

그림 이야기
1. 부모님의 사이는 어때 보이나요?
2. 설거지를 누가 하게 될까요?
3. 할머니와 할아버지는 왜 '또 저러네'라고 생각하셨을까요?

경험 이야기
1. 집에서 설거지를 자주 하는 사람은 누구인가요?
2. 부모님의 사이가 좋을 때는 언제인가요?
3. 가족들 간의 사이가 좋아지려면 어떻게 해야 하나요?

목표 check
- 의미를 이해했나요?
- '깨가 쏟아지다'와 관련된 상황을 설명해 줄 수 있나요?

check check / 답안

1. ① X ② O ③ X ④ X ⑤ O ⑥ X | 2. 알콩달콩하다 | 3. 5번 | 4. 3번

PART 07
기타

1	도마 위에 오르다	142
2	열매 맺다	146
3	엿장수 맘대로	150
4	호떡집에 불난 것 같다	154
5	화통을 삶아 먹다	158
6	뜸을 들이다	162

01 도마 위에 오르다

 생각 체크

① 이야기해 보세요   그림을 보고 그림에 대해서 이야기해 주세요.
- 지나가는 친구를 보며 귓속말을 해요.
- 귓속말을 듣고 깜짝 놀라요.
- 지나가는 친구를 가리키며 친구랑 말해요.

② 생각해 보세요   이 그림은 어떤 상황일까요?
- 여자친구는 왜 귓속말을 하나요?
- 친구들은 무슨 이야기를 하고 있을까요?
- 지나가는 친구가 친구들의 모습을 보면 기분이 어떨까요?
- ✔ 위 그림에서 '**도마 위에 오른**' 친구를 찾아 동그라미 해보세요.

③ 추측해 보세요   '도마 위에 오르다'의 의미는 무엇일까요?

 '도마 위에 오르다'는 위의 그림처럼 친구들로부터 놀림의 대상이 되거나 안 좋은 말을 듣는 대상이 된다는 말이에요.

내용 체크

세영
때리거나 욕하는 행동은 친구들 사이에서 **도마 위에 오르기** 딱 좋은 행동이야

하은
오늘은 여자아이들 사이에서 새로 오신 선생님이 **도마 위에** 올랐어

수아
친구들 사이에서 **도마 위에 오르는 건** 속상한 일이야

1 경험 나누기 — 친구들의 경험 들어보기

- 세영이는 어떤 행동이 도마 위에 오르기 좋다고 했나요?
- 여자아이들 사이에서 도마 위에 오른 사람은 누구인가요?
- 수아는 어떤 일이 속상한 일이라고 생각하나요?

의미 check — 비슷한 의미 표현 알아보기

- **비슷한 말:** 화제가 되다

  예
  - **화제가 되다:** 형이 수업 시간에 선생님에게 욕을 했다는 이야기는 화제가 되었다

2 경험 나누기 — 내 경험 이야기하기

1. 친구들 사이에서 도마 위에 오른 경험이 있나요? (예 / 아니오)
2. 도마 위에 올랐던 이유는 무엇이었나요?
3. 그때 기분이 어땠나요?

 **다시 체크**

1. 다음 문장을 보고 알맞은 것에는 O, 틀린 것에는 X 하세요.

    ① 우리 반에서 도마 위에 오르는 아이는 놀림의 대상이 돼요.   (   )
    ② 우리 학교에서 도마 위에 오르는 아이는 인기가 많은 아이에요.   (   )
    ③ 얼마 전 나는 학교에서 친구를 때려서 도마 위에 올랐어요.   (   )
    ④ 도마 위에 오르는 일은 자랑스러운 일이에요.   (   )
    ⑤ 되도록 도마 위에 오르지 않도록 노력하는 편이에요.   (   )
    ⑥ 엄마는 친구들 사이에서 도마 위에 오를 수 있도록 노력하라고 하셨어요. (   )

2. 다음 보기에서 '도마 위에 오르다'와 비슷한 의미를 찾아 ○ 표시하세요.

    > **보기** 인기가 많아지다 / 관심이 없다 / 요리하다 / 험담의 대상이 되다
    >
    > * **험담**: 뒤에서 남을 헐뜯는(욕하는) 행동이나 말

3. 다음을 보고 '도마 위에 오르다'와 뜻이 다른 문장을 고르세요. (   )

    ① 엄마들은 모여 앉아 새로 생긴 학원에 대해서 **이것저것 정보를 나누기** 시작했어요.
    ② 남자아이들 사이에서 새로 나온 게임기가 **화제였어요**.
    ③ 나는 친구들 사이에서 **험담의 대상이** 되지 않기 위해 튀는 행동을 하지 않기로 결심했어요.
    ④ 친구들 사이에서 새로 전학을 온 아이는 금세 **인기 있는 친구가 되었어요**.
    ⑤ 여자아이들은 새로 전학은 온 아이에 대해 **이러쿵저러쿵 말이 많았어요**.

4. 다음 보기를 보고 공통으로 들어갈 말을 찾아 골라보세요. (   )

    > **보기** 학교에서 튀는 행동을 하는 아이는 (   ) 쉬워요
    >
    > 친구들 사이에서 (   )가 많아지면, 친구들과 사이가 멀어져요

    ① 탁자 위에 오르기   ② 인기가 많아지기   ③ 도마 위에서 자르기   ④ 도마 위에 오르기

활용 체크

그림 이야기
1. 친구들이 무엇을 하고 있나요?
2. 화면에는 어떤 내용이 나오고 있나요?
3. 친구들은 화면에 나온 친구에 대해 어떻게 생각하나요?

경험 이야기
1. 우리 반에서는 어떤 친구가 도마 위에 오르나요?
2. 그 친구가 도마 위에 오른 이유는 무엇인가요?
3. 만약 도마 위에 오른 친구가 다른 친구들이 하는 말들을 들었다면, 기분이 어떨까요?

목표 check
- 의미를 이해했나요?
- '도마 위에 오르다'와 관련된 상황을 설명해 줄 수 있나요?

check check / 답안

1. ① O ② X ③ O ④ X ⑤ O ⑥ X | 2. 험담의 대상이 되다 | 3. 4번 | 4. 4번

02 열매 맺다

생각 체크

1 이야기해 보세요 그림을 보고 그림에 대해서 이야기해 주세요.
- 농부가 땀을 뻘뻘 흘리며 토마토를 심고 있어요.
- 토마토가 주렁주렁 열렸어요.
- 농부가 잘 익은 토마토를 따고 있어요.

2 생각해 보세요 이 그림은 어떤 상황일까요?
- 농부는 땀을 뻘뻘 흘리면서 무엇을 하나요?
- 농부는 왜 땀을 뻘뻘 흘릴까요?
- 농부는 토마토를 딸 때 어떤 기분이었을까요?
- ✔ 위 그림에서 **'열매 맺은'** 것을 찾아 동그라미 해보세요.

3 추측해 보세요 '열매 맺다'의 의미는 무엇일까요?

> **'열매 맺다'**는 열심히 땀 흘려 심은 토마토가 잘 자라서 커다란 토마토를 맺은 것처럼, 노력한 일의 성과를 나타내는 말이에요.

내용 체크

서우
노력 없이
열매 맺긴 어렵다

지우
저 **열매를 맺기까지**
아빠는 밤낮없이 일하셨어

영채
에디슨은 성공이라는
열매를 맺기까지 수많은
실패를 했대

❶ 경험 나누기 — 친구들의 경험 들어보기

- 서우는 노력 없이는 무엇이 어렵다고 생각하나요?
- 지우 아빠가 밤낮없이 일하신 이유는 무엇인가요?
- 에디슨은 성공이라는 열매를 맺기까지 무엇을 많이 했나요?

의미 check — 비슷한 의미 표현 알아보기

- **비슷한 말**: 성공하다 / 달성하다

  예
  - **성공하다**: 나는 줄넘기 이단 뛰기를 7번 실패 끝에 8번째에 성공했다
  - **달성하다**: 형은 아침부터 공부한 끝에 오늘의 공부 목표를 달성했다

❷ 경험 나누기 — 내 경험 이야기하기

1. 처음에는 못했지만, 노력해서 잘하게 된 것이 있나요? (예 / 아니오)
2. 잘하게 된 것이 있다면 그것을 위해 어떤 노력을 했나요?
3. 노력을 하는 동안 어땠나요?
4. 노력해서 잘하게 되었을 때, 어떤 기분이 들었나요?

다시 체크

1. 다음 문장을 보고 알맞은 것에는 O, 틀린 것에는 X 하세요.

① 할머니는 3년 동안 공부하셔서 졸업이라는 열매를 맺게 되셨다. (　　)

② 태권도 대회 연습을 대충 했더니 좋은 열매를 맺을 수 있었다. (　　)

③ 매일 운동하며 조금씩 먹었더니, 다이어트 성공이라는 열매를 맺었다. (　　)

④ 형은 아무것도 하지 않아서, 원하는 열매를 맺었다. (　　)

⑤ 누나는 합격이라는 열매를 맺기 위해, 밤늦게까지 공부를 했다. (　　)

⑥ 할아버지는 열심히 노력하면 원하는 열매를 맺을 수 있다고 하셨다. (　　)

2. 다음 보기에서 '열매 맺다'와 비슷한 의미를 찾아 ○ 표시하세요. (답 2개)

> **보기** 포기하다 / 노력 없이 얻다 / 실패하다 / 성공하다 / 노력해서 얻다

3. 다음을 보고 '열매 맺다'와 뜻이 다른 문장을 고르세요. (　　)

① 서희는 퍼즐이 너무 어려워서 **포기했어요**.

② 엄마는 맛있는 갈비찜을 만들기 위해, 계속해서 노력하셨고 결국 **성공하셨어요**.

③ 열심히 **노력한 덕분에** 영어 말하기 대회에서 **상을 받았어요**.

④ 나는 **매일매일 연습해서** 달리기 시합에서 **1등을 했어요**.

⑤ 아빠는 열심히 **노력한 대가라며**, 나의 성공을 축하해 주셨어요.

4. 다음 보기를 보고 공통으로 들어갈 말을 찾아 골라보세요. (　　)

> **보기** 할아버지는 (　　)까지 과수원에서 살다시피 했어요
> 원하는 (　　) 위해 부지런히 노력했어요

① 열매(를) 맺기　　② 열매 버리기　　③ 관계 맺기　　④ 열매 그리기

활용 체크

그림 이야기
1. 친구는 무엇을 하고 있나요?
2. 언제부터 언제까지 했나요?
3. 오랜 시간이 걸린 이유는 무엇일까요?
4. 성이 완성됐을 때, 친구의 기분은 어땠을까요?

경험 이야기
1. 조립하기 어려웠던 장난감이 있나요?
2. 무엇을 만드는 것이었나요?
3. 그것을 완성하기 위해 어떤 노력을 했나요?
4. 완성했을 때 기분이 어땠나요?

목표 check
- 의미를 이해했나요?
- '열매 맺다'와 관련된 상황을 설명해 줄 수 있나요?

check check / 답안

1. ① O ② X ③ O ④ X ⑤ O ⑥ O | 2. 성공하다, 노력해서 얻다 | 3. 1번 | 4. 1번

03 엿장수 맘대로

생각 체크

1 이야기해 보세요 그림을 보고 그림에 대해서 이야기해 주세요.
- 분식집에 갔어요.
- 분식집 아주머니께서 "맛있게 먹어"라고 말해요.
- 두 친구의 핫도그 크기가 달라요.
- 작은 핫도그를 받은 친구의 기분이 안 좋아 보여요.

2 생각해 보세요 이 그림은 어떤 상황일까요?
- 왜 핫도그 두 개의 크기가 다를까요?
- 두 친구의 기분은 각각 어떠할까요?
- ✔ 위 그림에서 '엿장수 맘대로 하다'처럼 분식집 사장님이 마음대로 만든 것에 동그라미 해보세요.

3 추측해 보세요 '엿장수 맘대로'의 의미는 무엇일까요?

 '엿장수 맘대로'는 엿장수가 자기 마음대로 엿을 늘리고 줄이듯, 일을 자기 마음대로 이랬다저랬다 한다는 말이에요.

내용 체크

태호

지찬이는 친구들 말을 들을 생각도 안 하고 **엿장수 마음대로** 자기 하고 싶은 게임만 해

건한

준호는 **엿장수 마음대로** 자기가 놀고 싶은 곳만 가자고 해

대성

내가 자주 가는 돈가스 집은 사장님이 **엿장수 맘대로** 요리를 해서 맛이 매번 달라

① 경험 나누기 — 친구들의 경험 들어보기

- 태호는 지찬이가 엿장수 마음대로 무엇을 한다고 했나요?
- 준호는 엿장수 마음대로 어떻게 행동하나요?
- 대성이가 자주 가는 돈가스집의 사장님은 어떻게 요리를 한다고 했나요?

의미 check — 비슷한 의미 표현 알아보기

- **비슷한 말:** 제멋대로 한다
- **예** - **제멋대로 한다:** 그 친구는 항상 제멋대로 행동해

② 경험 나누기 — 내 경험 이야기하기

1. 나는 엿장수 맘대로 (내 뜻대로) 행동했던 적이 있나요? (예 / 아니오)
2. 어떤 상황에서 그렇게 행동했었나요?
3. 그때 감정은 어떠했나요? 얼굴 표정으로 그려보세요.
4. 왜 그런 감정이 들었는지 이야기해 보세요.

 다시 체크

1. 다음 문장을 보고 알맞은 것에는 O, 틀린 것에는 X 하세요.

   ① 서희는 친구들과 놀 때 엿장수 맘대로 자기 고집만 피웁니다. (   )
   ② 다연이의 기분은 매번 엿장수 마음대로 바뀝니다. (   )
   ③ 엿장수 마음대로 만든 엿은 모양이 모두 일정합니다. (   )
   ④ 영원이의 계획은 이랬다 저랬다 엿장수 마음대로입니다. (   )
   ⑤ 엿장수 마음대로 이랬다 저랬다 하는 민수는 인기가 많습니다. (   )
   ⑥ 서현이는 남의 기분을 생각하지 않고 엿장수 맘대로 행동합니다. (   )

2. 다음 보기에서 '엿장수 맘대로'와 비슷한 의미를 찾아 ○ 표시하세요. (답 2개)

   > 보기 제멋대로 하다 / 권력을 가지다 / 마음대로 하다 / 고려하다 / 소중히 여기다

3. 다음을 보고 '엿장수 맘대로'와 뜻이 다른 문장을 고르세요. (   )

   ① 승민이는 기분에 따라 **제멋대로** 행동한다.
   ② 주영이는 평소 **마음이 가는 대로** 행동한다.
   ③ 혜은이는 **자기 생각대로** 행동한다.
   ④ 지원이는 **남을 배려하며** 행동한다.
   ⑤ 지호는 상황을 고려하지 않고 **자기 마음대로** 행동한다.

4. 다음 보기를 보고 공통으로 들어갈 말을 찾아 골라보세요. (   )

   > 보기 내 친구는 항상 (   ) 자기 의견만 고집한다
   >   나는 (   ) 행동할 때가 있다

   ① 엿장수 마음대로   ② 엄마 마음대로   ③ 분식집 마음대로   ④ 아빠 마음대로

활용 체크

그림 이야기
1. 여기는 어디인가요?
2. 친구들이 화가 난 이유는 무엇일까요?
3. 초록 옷을 입은 친구가 뭐라고 말하고 있나요?

경험 이야기
1. 나에게 자기 일을 대신하라고 부탁한 친구들이 있나요?
2. 다른 사람이 명령하듯이 말하면 기분이 어떤가요?
3. 청소시간에 열심히 하지 않는 친구를 보면 뭐라고 말해주고 싶나요?

목표 check
- 의미를 이해했나요?
- '엿장수 맘대로'와 관련된 상황을 설명해 줄 수 있나요?

Q&A check check / 답안

1. ① O ② O ③ X ④ O ⑤ X ⑥ O | 2. 제멋대로 하다, 마음대로 하다 | 3. 4번 | 4. 1번

04 호떡집에 불난 것 같다

 생각 체크

① 이야기해 보세요 그림을 보고 그림에 대해서 이야기해 주세요.
- 호떡집에 불이 났어요.
- 사람들이 깜짝 놀라 발을 동동 굴러요.
- 사람들이 소리를 질러요.
- 어떤 사람은 물을 뿌려요.

② 생각해 보세요 이 그림은 어떤 상황일까요?
- 중국옷을 입은 호떡집주인은 왜 소리를 지르고 있을까요?
- 호떡집 주변이 엄청 소란스러워요. 왜 그럴까요?
- 호떡집에 불이 난 이유는 무엇일까요?
- 불이 나면 어떻게 해야 할까요?
- ✓ 위 그림에서 '**호떡집에 불난 것 같이**' 시끄럽게 소리 지르는 사람을 찾아 동그라미 해보세요.

③ 추측해 보세요 '호떡집에 불난 것 같다'의 의미는 무엇일까요?

 '호떡집에 불난 것 같다'는 위의 그림처럼 몹시 시끄럽고 정신없는 상황을 말해요. 수업 시작 전에 왁자지껄한 교실처럼 말이에요.

내용 체크

혜나
명절에 친척들이 다 모이면
호떡집에 불난 것 같아

지인
나랑 언니가 BTS 오빠들이 나온
영상을 보고 소리치니까,
아빠가 **호떡집에 불난 것 같다**며
조용히 하라고 하셨어

윤원
평소보다 밖이
너무 시끌시끌해서
호떡집에 불난 줄 알았어

① 경험 나누기 — 친구들의 경험 들어보기

- 혜나는 왜 호떡집에 불난 것 같다고 했나요?
- 지인이 아빠는 왜 조용히 하라고 하셨나요?
- 윤원이는 밖이 너무 시끄러워서 무슨 생각을 했나요?

의미 check — 비슷한 의미 표현 알아보기

- **비슷한 말:** 왁자지껄
- **예** – **왁자지껄:** 왁자지껄 떠드는 소리에 정신이 하나도 없었다

② 경험 나누기 — 내 경험 이야기하기

1. 호떡집에 불난 듯 시끄럽고 정신없었던 적이 있나요? (예 / 아니오)
2. 어떤 상황이었나요?
3. 주변이 너무 시끄러우면 어떤 느낌이 드나요? 그때 내 표정을 그림으로 그려보세요.
4. 떠드는 친구들을 조용히 시키는 방법이 있나요?

 **다시 체크**

1. 다음 문장을 보고 알맞은 것에는 O, 틀린 것에는 X 하세요.

① 호떡집에 불난 것 같은 우리 집은 시끄러워서 집중이 잘되요. ( )
② 여러 명의 사람들이 한꺼번에 말하는 소리에 식당 안이 호떡집에 불난 것 같았어요. ( )
③ 주변은 호떡집에 불난 것처럼 조용했어요. ( )
④ 갑자기 비상벨이 울려 호떡집에 불난 것처럼 주변이 엄청 소란스러워졌어요. ( )
⑤ 우리 집에 있는 강아지들이 다 짖으면 호떡집에 불난 것 같아요. ( )
⑥ 왁자지껄한 교실에 선생님이 들어오시자 호떡집에 불난 것처럼 조용해졌어요. ( )

2. 다음 보기에서 '호떡집에 불난 것 같다'와 비슷한 의미를 찾아 ○ 표시하세요. (답 2개)

> **보기** 소란스럽다 / 조용하다 / 시끄럽다 / 차분하다 / 고요하다

3. 다음을 보고 '호떡집에 불난 것 같다'와 뜻이 다른 문장을 고르세요. ( )

① 공연이 시작되기 전이라서 엄청 **소란스러웠어요**.
② 선생님은 아이들의 왁자지껄 떠드는 소리에 **정신이 하나도 없었어요**.
③ 공연이 시작되자 주변이 **조용해졌어요**.
④ 엄마는 쌍둥이들이 하루 종일 **정신없이 구는 바람에** 지쳐서 잠이 드셨어요.
⑤ 한 아이가 울자, 주변의 다른 아이들도 모두 울음을 터트려서 **시끄러워졌어요**.

4. 다음 보기를 보고 공통으로 들어갈 말을 찾아 골라보세요. ( )

> **보기** ( ) 주변이 엄청 시끄러웠다
> ( ) 정신이 하나도 없었다
> ( ) 사람들이 뛰어다니고 소리를 질렀다

① 호떡집에 불난 것 같이   ② 호떡집이 문 연 것 같이   ③ 호떡을 만드는 것 같이

활용 체크

그림 이야기
1. 여기는 어디일까요?
2. 친구들은 무엇을 하고 있나요?(친구들의 행동을 말로 표현해 보세요.)
3. 선생님은 왜 칠판을 두드리고 계실까요?

경험 이야기
1. 수업 시간에 시끄럽게 떠드는 친구들을 보면 기분이 어떤가요?
2. 그런 친구들에게 뭐라고 말해주면 좋을까요?
3. 조용하게 있어야 하는 장소가 있다면 어디일까요?

목표 check
- 의미를 이해했나요?
- '호떡집에 불난 것 같다'와 관련된 상황을 설명해 줄 수 있나요?

Q&A check check / 답안

1. ① X ② O ③ X ④ O ⑤ O ⑥ X | 2. 소란스럽다, 시끄럽다 | 3. 3번 | 4. 1번

05 화통을 삶아 먹다

생각 체크

❶ 이야기해 보세요   그림을 보고 그림에 대해서 이야기해 주세요.
- 학교가 끝났어요.
- 집에 같이 가자고 소리쳐요.
- 다른 친구들이 시끄러워해요.
- 귀를 막고 있어요.

❷ 생각해 보세요   이 그림은 어떤 상황일까요?
- 왜 다른 친구들이랑 같이 가려고 하는 걸까요?
- 사람들이 많은 곳에서 소리를 치면 안 되는 이유는 무엇일까요?
- 소리를 크게 내는 친구를 보면 기분이 어떤가요?
- ✓ 위 그림에서 '**화통을 삶아먹은**' 친구를 찾아 동그라미 해보세요.

❸ 추측해 보세요   '화통을 삶아 먹다'의 의미는 무엇일까요?

> '**화통을 삶아 먹다**'는 친구에게 같이 가자고 크게 소리치는 친구처럼 목소리가 아주 크다는 말이에요.

내용 체크

주안
할머니는 **화통을 삶아 먹은 듯한** 큰 목소리를 가지고 계셔

소인
조용한 영화관에서 **화통을 삶아 먹은 것처럼** 소리치는 사람이 있었어

지준
형은 **화통을 삶아 먹었는지** 화를 낼 때 목소리가 커져

❶ 경험 나누기 — 친구들의 경험 들어보기
- 주안이의 할머니는 어떤 목소리를 가지고 계신가요?
- 소인이는 어디에서 화통을 삶아 먹은 사람을 만났나요?
- 지준이 형은 언제 화통을 삶아 먹은 것 같나요?

의미 check — 비슷한 의미 표현 알아보기
- **비슷한 말:** 목청이 좋다 / 목소리가 크다
- 예
  - **목청이 좋다:** 우리 집 강아지는 목청이 좋아 문밖에서도 소리가 들립니다
  - **목소리가 크다:** 엄마는 아빠에게 화내실 때 목소리가 커집니다

❷ 경험 나누기 — 내 경험 이야기하기
1. 나는 화통을 삶아 먹은 것처럼 크게 소리친 적이 있나요? (예 / 아니오)
2. 어떤 상황에서 그렇게 행동했었나요?
3. 그때 어떤 감정이었는지 생각해 보고 얼굴 표정을 그려보세요.
4. 왜 그런 감정이 들었는지 이야기해 보세요.

 **다시 체크**

1. 다음 문장을 보고 알맞은 것에는 O, 틀린 것에는 X 하세요.

   ① 나는 화통을 삶아 먹는 걸 좋아했습니다. (   )
   ② 멀리서도 정욱의 목소리가 들리는 걸 보니 화통을 삶아 먹은 게 틀림없습니다. (   )
   ③ 형우는 화를 낼 때마다 화통을 삶아 먹은 것 같습니다. (   )
   ④ 동생은 배가 고파서 화통을 삶아 먹었습니다. (   )
   ⑤ 지혁이는 화통을 삶아 먹어 작은 목소리로 이야기할 수 있습니다. (   )
   ⑥ 선생님은 화통을 삶아 먹은 듯 크게 소리치십니다. (   )

2. 다음 보기에서 '화통을 삶아 먹다'와 비슷한 의미를 찾아 ○ 표시하세요.

   보기 소리가 작다 / 목청이 좋다 / 조용하다 / 나직하다 / 끓여 먹다

3. 다음을 보고 '화통을 삶아 먹다'와 뜻이 다른 문장을 고르세요. (   )

   ① 아기들이 울면 매우 **시끄러워요**.
   ② 내 친구는 **목청이 좋아**서 문밖에서도 소리가 들려요.
   ③ 누나는 **목소리가 커**서 멀리서도 누나가 오는 걸 알 수 있어요.
   ④ 지수는 수업 시간에 친구한테 **조용한** 목소리로 이야기했어요.
   ⑤ 선생님이 도서관에서 **소란스럽게 떠든**다고 혼냈어요.

4. 다음 보기를 보고 공통으로 들어갈 말을 찾아 골라보세요. (   )

   보기 카페에 있으면 시끄러워서 (   ) 크게 이야기해야 해요
   옆집 아기는 (   ) 크게 울어대요
   우리 아빠는 화를 낼 때 (   ) 소리쳐요

   ① 화를 삼키듯   ② 통을 끓이듯   ③ 화통을 삶아 먹은 듯   ④ 계란을 삶아 먹은 듯

활용 체크

그림 이야기
1. 사람들이 왜 위를 쳐다보고 있나요?
2. 주황색 옷을 입은 친구가 부끄러워하는 이유는 무엇일까요?
3. 엄마가 왜 소리치시나요?
4. 엄마가 어떻게 말을 했으면 좋았을까요? (친구의 입장에서 이야기해 보세요.)

경험 이야기
1. 엄마는 언제 큰소리로 나를 부르나요?
2. 아는 사람을 밖에서 만나면 어떤가요?
3. 밖에서 더 놀고 싶을 때 어떻게 해야 할까요?
4. 다른 사람의 목소리가 커서 불편했던 적이 있나요? 언제 그랬나요?

목표 check
- 의미를 이해했나요?
- '화통을 삶아 먹다'와 관련된 상황을 설명해 줄 수 있나요?

check check / 답안

1. ① X ② O ③ O ④ X ⑤ X ⑥ O | 2. 목청이 좋다 | 3. 4번 | 4. 3번

06 뜸을 들이다

🔆 생각 체크

1 이야기해 보세요   그림을 보고 그림에 대해서 이야기해 주세요.
- 미국에 가려고 해요.
- 열심히 영어 공부를 하고 있어요.
- 미국 갈 날이 얼마 안 남은 것 같아요.

2 생각해 보세요   이 그림은 어떤 상황일까요?
- 왼쪽 그림을 보세요. 친구는 무엇을 타고 미국에 갈까요?
- 오른쪽 그림을 보세요. 친구는 왜 영어 공부를 하고 있을까요?
- 친구가 미국에 가서 영어를 잘할 수 있을까요?
- 미국에 가기 위해 친구는 어떤 것을 준비하고 있나요?
- ✔ 위 그림에서 '**뜸을 들이다**'의 상황을 알 수 있는 부분에 동그라미 해보세요.

3 추측해 보세요   '뜸을 들이다'의 의미는 무엇일까요?

> '**뜸을 들이다**'는 두 가지의 뜻이 있는데요. 첫 번째로 어떠한 일이 잘 이루어지도록 충분히 노력하여 갈고닦는 걸 말해요. 두 번째로는 말이나 행동이 보기에 답답할 정도로 느리다는 말이에요.

내용 체크

아윤
학교에 늦어서 빨리 나가야 하는데 오빠가 뜸 들이고 있어서 너무 답답해

현지
가수가 되고 싶어서 열심히 노래 연습을 하며 뜸 들이고 있어

민성
엄마에게 시험 점수를 보여드려야 하는데 시험을 망쳐서 언제 보여줘야 할지 뜸 들이고 있어

① 경험 나누기   친구들의 경험 들어보기

- 아윤이가 답답해 하는 이유는 무엇인가요?
- 현지는 무엇이 되기 위해 뜸 들이고 있나요?
- 민성이는 엄마에게 시험 점수를 말씀드리는 것을 왜 뜸 들이고 있나요?

의미 check   비슷한 의미 표현 알아보기

- **비슷한 말:** 망설이다 / 머뭇거리다

  예
  - **망설이다:** 서린이는 언제 좋아하는 마음을 표현할지 망설이는 중이다
  - **머뭇거리다:** 경혜는 언제 질문을 해야 할지 머뭇거리는 중이다

② 경험 나누기   내 경험 이야기하기

1. 쉽게 행동하지 못하고 뜸 들였던 적이 있나요? (예 / 아니오)
2. 어떤 상황에서 그렇게 행동했었나요?
3. 그때 감정은 어떠했나요? 얼굴 표정을 그려보세요.
4. 왜 그런 감정이 들었는지 이야기해 보세요.

 **다시 체크**

1. 다음 문장을 보고 알맞은 것에는 O, 틀린 것에는 X 하세요.

    ① 주혜는 하고 싶은 말을 망설이며 뜸을 들였어요.　　(　　)
    ② 주리는 어떻게 해야 할지 몰라서 쭈뼛거리며 뜸을 들였어요.　(　　)
    ③ 혜진이는 뜸을 들이며 하고 싶은 말을 다 털어놓았어요.　(　　)
    ④ 수진이는 맛있는 밥을 먹기 위해 뜸을 들였어요.　(　　)
    ⑤ 준영이는 건강해지기 위해 꾸준히 등산하며 뜸을 들였어요.　(　　)
    ⑥ 산영이는 냄비 밥을 뜸을 들이며 반찬을 만들었어요.　(　　)

2. 다음 보기에서 '뜸을 들이다'와 비슷한 의미를 찾아 ○ 표시하세요. (답 2개)

    > **보기**　빠르다 / 망설이다 / 노력하다 / 적극적이다 / 쾌활하다

3. 다음을 보고 '뜸을 들이다'와 뜻이 다른 문장을 고르세요. (　　)

    ① 물건을 살지 말지 고민하며 **한참을 망설였어요**.
    ② 태권도 승급시험에 합격하기 위해 **부단히 노력했어요**.
    ③ 그간 **갈고닦은 실력**을 보여 줄 거예요.
    ④ 쇼핑을 좋아하는 엄마는 **망설임 없이** 물건을 사요.
    ⑤ 쉽게 결정하기 어려워 **쭈뼛거리고 있어요**.

4. 다음 보기를 보고 공통으로 들어갈 말을 찾아 골라보세요. (　　)

    > **보기**　중요한 선택을 할 땐 충분히 (　　) 고민해요
    > 　　　　내가 실수한 것을 엄마에게 (　　) 말했어요

    ① 받아들이며　　② 힘을 들이며　　③ 맛을 들이며　　④ 뜸을 들이며

활용 체크

그림 이야기
1. 친구가 갖고 싶은 것은 무엇인가요?
2. 게임기를 갖기 위해서는 엄마에게 어떻게 말해야 할까요?
3. 왜 엄마 앞에서 말하지 못하고 뜸을 들이고 있을까요?

경험 이야기
1. 무언가를 사달라고 말하기 전에 뜸을 들인 적이 있나요? (예 / 아니오)
2. 무언가 가지고 싶거나 하고 싶을 때, 어떻게 말하면 좋을까요?

목표 check
- 의미를 이해했나요?
- '뜸을 들이다'와 관련된 상황을 설명해 줄 수 있나요?

Q&A check check / 답안

1. ① O ② O ③ X ④ X ⑤ O ⑥ X | 2. 망설이다, 노력하다 | 3. 4번 | 4. 4번

저자 소개

구명순

이력
- 우송대학교 일반대학원 언어치료청각재활학과 언어청각재활학 전공(석사)
- 우송대학교 언어치료청각재활학부 언어치료전공(학사)
- 전 생각과 마음 아동교육상담센터 언어재활사

현재
- 솔언어청각연구소 부원장 / 언어재활사

김예진

이력
- 이화여자대학교 대학원 언어병리학과(석사과정)
- 우송대학교 언어치료 청각재활학과 졸업(학사)
- 전 솔언어임상센터

현재
- 솔언어청각연구소 언어재활사
- 이화여자대학교 언어병리학과 연구조교

오세나

이력
- 단국대학교 대학원 특수교육학과 언어병리 전공(석사)
- 나사렛대학교 재활학부 언어치료전공(학사)
- 전 윤언어교육원 언어재활사

현재
- 솔언어청각연구소 언어재활사
- 원자력병원 언어재활사

장재진

이력
- 한림대학교 대학원 언어병리청각학과 언어병리학전공(박사과정)
- 우송대학교 대학원 언어치료청각재활학과 언어청각재활학 전공(석사)
- 서강대학교 국어국문학과(학사, 석사)
- 대구사이버대학교 언어치료학과, 특수교육학과(학사)
- 전 황혜경보청기 청각언어센터 언어재활사
- 전 코끼리아동청소년발달센터 언어재활사

현재
- 솔언어청각연구소장 / 언어재활사
- 우송대학교 언어치료청각재활학과 겸임교수